小学校における

プログラミング教育の理論と実践

東京学芸大学プログラミング教育研究会〈編〉

学 文 社

はじめに

2020年度から実施される学習指導要領では，小学校においてプログラミング学習が必修化されました。本書は，プログラミングとは何か，どのように行うのかについて説明し，実際に小学校の各教科においてプログラミング教育を実施する際の考え方や実践例を紹介したプログラミング教育の入門書です。主に教員養成系の大学で小学校教員を志す学生を読者として想定していますが，現職の小学校教員はもちろん，教育に関わる組織・団体の職員の方々がプログラミング教育を学ぶ際にも役立つ内容となるように書かれています。

昔から勉強の基本は「読み，書き，そろばん（計算）」と言われてきました。情報社会である現代において，勉強の基本は「読み，書き，そろばん（計算），コンピューター」に変わったと言っても良いかもしれません。しかも今，これから始まろうとしていることは，単にコンピューターなどの情報機器やそれがもたらすサービスを使えるようになるというだけでなく，子供たちがその仕組みの一端を知り，より適切に，効果的に活用していく力を身に付けるための教育なのです。このような教育は，子供たちが将来どのような職業に就くとしても，極めて重要なこととなっているのですが，諸外国の動きに比べ日本はどちらかというと立ち後れている状況にあります。

本書を通じ，小学校教員を志す方々がプログラミングというものを正しく認識し，子供たちに対しどのようにプログラミング教育を展開していくのかについて考えていただきたいと思います。

2019年8月

執筆者一同

目　次

第1章　プログラムを創るための力

The computer revolution is a revolution in the way we think and in the way we express what we think. The essence of this change is the emergence of what might best be called procedural epistemology - the study of the structure of knowledge from an imperative point of view, as opposed to the more declarative point of view taken by classical mathematical subjects. Mathematics provides a framework for dealing precisely with notions of "what is." Computation provides a framework for dealing precisely with notions of "how to."

Harold Abelson and Gerald Jay Sussman with Julie Sussman, *Structure and Interpretation of Computer Programs*, The MIT Press, 1996.

1.1　抽象概念と思考

人間には自らの内側に生まれる考えを外側へ，心身から切り離された物理的な事象として表現する能力と技術があります。声を出す，手を挙げる，踊る，歌う，絵を描く。人によっては目つきで語る人もいれば，生き様そのものが自らの意思表示であるという人もいるかもしれません。もちろん言語（language）はその中の一つであり，代表格であるといえます。私たちは生来，言語を獲得する能力を持っていると考えられています。泣くことしかできない赤子が，発話によって両親と意思疎通できるようになるまでには特別な教育を必要としません。言語の複雑さや曖昧さを考えるとこれは驚くべきことです。一方，言語を声に出すのではなく，文字という技術を使って表現できるようになるためには，そのための特別な教育と十分な訓練が不可欠です。

かつて声の文化の時代において文字という技術が社会へ持ち込まれようとしていたとき，ギリシャの哲学者ソクラテスは文字の読み書きという技能が社会に深刻な影響を与えるとして猛烈に批判しました。曰く，「声は生きた言葉であるが文字は死んだ言葉である（声による対話は常に変化しうるが，一度書かれたものは変わることがない）」。曰く，「文字を学ぶと，書かれたものに頼って記憶する力を使わなくなってしまう（文字は想起の技術であり，記憶の技術ではない）」。曰く，「文章には，それを読むにふさわしい者とふさわしくない者をどうやって見分ければよいか，知る由もない（対話によって正しく知識を理解し，それを使いこなすことができるように導くことができるが，文章は読み手が知識を表面的にしか理解できなかったり，そのせいで誤用したり悪用したりということが起こることを防ぐことができない）」[1]。その結果，文字に頼る人は知識を有していると自惚れるだけになってしまうというわけです。今日の情報社会においてもこのソクラテスの批判は示唆に富み，過剰ともいえる情報あるいは知識の供給を前に，私たちの姿勢を問うものと言えます。

さて，言語について振り返ったのは，コンピュータープログラミング教育ではよく論理的思考力の涵養について取り沙汰されるからです。言葉とその表現手段の関係やその関係が人間の考えや社会に及ぼす影響を研究しているウォルター・J・オングは，形式論理の発明は文字という技術があったからだと述べています。オングはそれを説明する事実として，心理学者A・R・ルリアによって1931年から32年にかけて当時のソビエト連邦ウズベク共和国とキルギス共和国の奥地で行われた，読み書きができない，すなわち声の文化の中で生きている人々と，いくらか読み書きのできる人々についての広範囲なフィールドワークについて言及しています[2][3]。それによると声の文化の中で生きている人々に，

> 「貴金属はさびません。金は貴金属です。では，金はさびるでしょうかさびないでしょうか」

という質問をしても，たいてい，

> 「いったい貴金属はさびるのさびないの。金はさびるのさびないの。どっちなんだい」。
> 「貴金属はさびるよ。金だってさびるさ」

といったような反応しか得られず，また，

> 「雪があるような極北地方では，熊はみんな白い色をしています。ノーヴァヤゼムリャは極北地方にあり，そこにはいつも雪があります。では，そこの熊はどんな色をしていますか」

という質問に対しては，

> 「さあ，わからんね。黒いやつなら見たことがあるがね。ほかの色のやつにはお目にかかったことがないね……まあどこだって，その土地にしかいないような生き物がいるもんだよ」

というような反応ばかりであったそうです。オングはこのような事実を，

> 簡単に言うと，読み書きができない被験者たちは，形式的な演繹的手続きにしたがって思考をはたらかせているようにはまったく見えなかった。しかし，だからといって，かれらは考えるということができないとか，かれらの思考は論理的ではないということにはならない。そうではなくて，かれらはただ，どうせおもしろくない（uninteresting）ことがわかりきっている純粋に論理的な形式に，自分たちの考えかたをわざわざ合わせる気がないだけのことなのである。そもそも純粋に論理的な形式のどこがおもしろいのだろう。三段論法は（たしかに）思考とかかわっているが，しかし，実際には，どんな思考も，形式的に述べられた三段論法のようなしかたでははたらいていないの

である。([2], p.114)

のようにまとめています。一方，文字が読み書きできる人はどのように反応したのでしょうか。ルリアの調査では先にあげた質問の2つ目に対して，読み書きがかろうじてできる45歳の集団農場の責任者から次のような反応を得ることができたそうです。

「あんたのことばにそって考えてみると，どうやらそいつらはみんな白いってことになるね」

言葉にそって考えてみるという行為は，目の前の実世界における事実や経験から離れ，言語が表す純然たる抽象概念の世界と向き合うということです。ルリアの実験によるなら，それには多少なりとも文字という技術の習得が必要であるようです。

読み書きのできない人々が抽象概念に価値を見いだせないという傾向は，別の実験でよりいっそうはっきりとなります。例えば，読み書きのできない人々に対し円や四角の図形を見せ，そこに描かれているものを答えてもらう実験では，「皿，ふるい，バケツ，腕時計，月」，あるいは「鏡，ドア，家，アンズ乾燥板」などと呼ばれるだけでした。また「ハンマー」，「のこぎり」，「丸太」，「手斧」が描かれている絵を見せ，この中に一語であらわせるようなものがあれば一つにまとめるようにと求める実験では，やはり読み書きのできない人々は丸太以外のものを「道具」として分類するといったことにまったく意をはらわなかったそうです。ハンマーも，のこぎりも，手斧も，みな道具だときかされても，

「なるほどね。でもあれだよ，道具なんかあったってそれだけじゃどうしようもないぜ。やっぱり材木がなきゃはなしにならないよ。第一それがなきゃ，なんにも建たないだろ」

というように状況依存的な思考にこだわりつづけるのです。

私たちが論理的思考という言葉を用いる場合，まるで論理的思考というものがふつうには身に付けることのできない，とても難しいものだという思い込みがあります。しかし，たいていの場合，実生活においての論理的思考とはきちんと筋道立てて考えているかどうか程度の意味しかありません。読み書きができる人も，できない人も，少なくとも現実世界に即した形では論理的に考えることができます。本当の難しさは，抽象概念の世界で思考を働かせることができるかどうかという点にあるのです。当然，どのような抽象概念の世界で考えをめぐらせるのかによって，論理的思考能力の意味も変わります。

筋道を立てて考える活動といえば，数学もその一つとしてよく挙げられます。小学校段階においては主に日常の事象を数理的に捉え，処理するための知識や技能を身に付けるような数学的活動が算数の授業で行われます。例えば次のような問題を提示したとしましょう。

赤いぼうしをかぶった子どもと，青いぼうしをかぶった子どもがあわせて10人います。

赤いぼうしをかぶった子どもは，青いぼうしをかぶった子どもよりも４人多くいます。
赤いぼうしと青いぼうしをかぶった子どもはそれぞれ何人いるのでしょうか。

（※消去算と似た問題）

ルリアの調査結果を鑑みるに，問題を提示された人が数学的な論理形式に自分たちの考え方を合わせる気になれなければ，「さあ，わからないよ。赤いぼうしが人気のようだけれど，ぼくは（わたしは）ぼうしの色なんて気にしないよ。」だとか，「赤いぼうしをかぶった子どもが何人かなんてわかっても何の役にも立たないよ。」といった反応しか得られないわけです。しかしそれは読み書きができないという理由からではありません。小学校の授業では教科書を使いますし，仮に教科書に載っていない問題を扱うときでも，よほど特別な場合を除き，かならず板書やプリントを配るなどして問題文が書かれたものを用意します。絵を描いて説明をするようなことも行われるでしょう。ですから原因は言語が表す抽象概念と向き合えないからではありません。言葉にそってだけではなく，さらに数の概念をもとに，数と数の関係についてまで考えをめぐらせることができなければならないからです。

この問題に対して期待する解答は，

赤いぼうしをかぶった子どもの数を○，青いぼうしをかぶった子どもの数を□であらわします。
子どもはぜんぶで１０人なので
○＋□＝１０
と書けます。
また，赤いぼうしをかぶった子どもは，青いぼうしをかぶった子どもよりも４人多いので，
○＝□＋４
と書けます。つまり，○のかわりに□＋４と書いても同じなので，
(□＋４)＋□＝１０
□＋□＝６
□＝３
となり，青いぼうしをかぶった子どもの数は３人であることが分かります。
もういちど，子どもはぜんぶで１０人いることを考えると，
○＋３＝１０

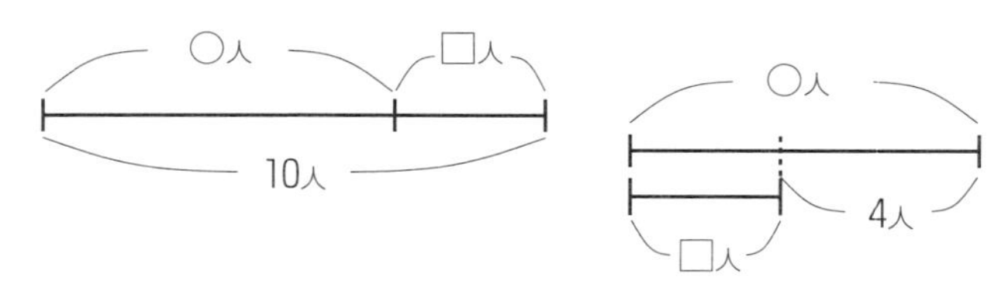

図1-1　帽子をかぶった子どもの問題

なので，
○=7
となり，赤いぼうしをかぶった子どもの数は7人です。(※図1-1)

あるいは，

もし赤いぼうしと青いぼうしをかぶった子どもの数が同じだとすると，その数は
10÷2=5
です。
だから，もし赤いぼうしをかぶった子ども5人と，青いぼうしをかぶった子どもが5人いれば，ぜんぶでこどもは10人なので，
5+5=10
と書けます。
赤いぼうしをかぶった子どもが，青いぼうしをかぶった子どもよりも4人多いなら，
(5+4)+5=10+4
となるので，ぜんぶの子どもの数も10人より，4人多くないとなりません。
そこでよけいに多い4人を，赤いぼうしをかぶった子どもと，青いぼうしをかぶった子どもの人数から，それぞれ同じ数
4÷2=2
だけ引くことにします。すると，
(5+4−2)+(5−2)=14−2−2=10
となるので，子どもの人数はぜんぶで10人になります。
この式のさいしょのかっこの中が赤いぼうしをかぶった子どもの人数
5+4−2=7
で，次のかっこの中が青いぼうしをかぶった子どもの数は
5−2=3
になります。

といったようなかんじになるでしょうか。もちろん，このような解答を導くには筋道立てて考える力が必要なことはいうまでもありません。しかしそれ以前に数学的な抽象概念の世界と向き合うことができなければ，その世界で論理的思考力をふるうことはできないのです。

抽象概念の世界とは何かという問いについて，科学史や科学哲学の研究者であるトーマス・クーンはゲシュタルトという心理学でよく使われる言葉を用いて説明しています。クーンによれば，人はある科学分野について学習するという活動を一定数繰り返すことで，自らが直面する状況をその科学分野の専門家集団と同じゲシュタルトで見ることができるようになるのだそうです。ここでいうゲシュタルトとは，世界をどのように見ているか，

どのように考えているかを意味する言葉だと考えて下さい。重要な点は，学習者の観念をその科学分野の専門家集団が共通にもつ観念と一致させることが，学習における最終状態であるという指摘です[4]。

1.2 計算論的思考

コンピューター科学の分野でも“コンピューター科学者と同じ考え方をする”ことの重要性は，昔から多くの研究者によって指摘されてきました。コンピューター科学は，その名称に“科学 (science)”という言葉が使われている割に，“何 (what)”が実現可能かを追求するというよりは，現実の問題を“どのように (how)”解決するかという工学 (engineering) 的な面が強い学問分野です。もちろん，しっかりとした数学的理論を基盤としていますが，かといって純粋な理論だけに収まっているわけでもありません[5]。コンピューター科学者が何をどのように考えているのかという問に対しては，コンピューター科学者自身でさえも容易には答えることができないのです。

コンピューター科学者の考え方を“計算論的思考 (computational thinking)”という言葉で表現することがあります。この言葉は，プログラミング言語LOGOの開発者として有名なシーモア・パパートが，1980年の彼の著書『マインドストーム』[6] で用いたのが最初だと言われています[7]。近年，計算論的思考という言葉は一種のはやり言葉になっていますが，その火付け役はコンピューター工学者のジャネット・M・ウィングです。ウィングは2006年に学術雑誌へ寄稿したエッセイ[8]の中で，

> It represents a universally applicable attitude and skill set everyone, not just computer scientists, would be eager to learn and use.
> (〔計算論的思考とは〕コンピューター科学者のみならず誰もが身に付けるべき，どんなことにも役立つ態度とスキルセットです。)

というように，コンピューター科学者のように考えることができるようなることが，広く一般的な意味合いで，人の考える力や問題解決能力を高めることにつながるのだと主張しました。このことは多くのコンピューター科学の教育者の関心を集めるとともに，その一方で，

> Thinking like a computer scientist means more than being able to program a computer. It requires thinking at multiple levels of abstraction.
> (コンピューター科学者のように考えるということは，単にコンピュータープログラムを作れるようになること以上のことを意味します。それにはさまざまな抽象化レベルで物事を考えられるようになることが求められるのです。)

というような計算論的思考の曖昧な説明が批判されました。また，そもそも計算論的思考がコンピュータープログラムやソフトウェアシステムの設計といったコンピューター科学の専門分野以外で役立つのだという主張を，科学的に証明するデータは未だかつて示されたことがありません。証明しようと試みた研究は数多くあったのですが，残念ながらいずれも失敗に終わったのです。そういった事実をあたかも無視するかのように書いている点も問題視されている[7]ことには注意が必要です。ジョージア工科大学のマーク・ガスディアルの言うように「ある事実や現象がまったく無いという証明（いわゆる悪魔の証明）はできない」[9]のですが，だからこそ盲信は慎むべきなのです。

一方，コンピュータープログラミングは新しいリテラシーとして認知されはじめています[10][11]。コンピュータープログラムの作成に限定して，コンピューター科学者の考え方の新規な点を分かりやすい言葉で説明したのはコンピューター科学者のアレン・B・ダウニーです。ダウニーは1999年，当時勤めていたコルビー大学でのプログラミングの講義用に「How to think like a computer scientist（コンピューター科学者のように考える方法）」と題したテキストを作成しました[12][13]。このテキストは，

> The goal of this book, and this class, is to teach you to think like a computer scientist.[12]
> （このテキストの，そしてこのクラスの目標は，皆さんがコンピューター科学者のように考えられるようにすることです。）

という一文から書き始められています。ダウニーは続けて，

> I like the way computer scientists think because they combine some of the best features of Mathematics, Engineering, and Natural Science. Like mathematicians, computer scientists use formal languages to denote ideas (specifically computations). Like engineers, they design things, assembling components into systems and evaluating tradeoffs among alternatives. Like scientists, they observe the behavior of complex systems, form hypotheses, and test predictions.[12]

のように，コンピューター科学者の思考法は，数学者，工学者（エンジニア），自然科学者の三者が行う考え方のいいとこ取りであると述べています。なぜなら，コンピューター科学者は，数学者のようにアイデアを表現するのに形式言語を使う。工学者のように物を設計し，沢山の部品を組み合わせてシステムとして実現する。その際，さまざまな選択肢からそれらの良い点と悪い点を考慮しながら部品を選ぶ。さらに自然科学者のように，複雑なシステムの振る舞いを観察し，仮説と検証を繰り返す，といった具合です。

1.3 プログラミング的思考

2020年度からの新しい学習指導要領では，小学校において，コンピューターに意図した処理を行わせるために必要な論理的思考力を身に付けさせることを目的としたプログラミング学習が必修化されました[14]。文部科学省は，ここでいうところの論理的思考力に対して「プログラミング的思考」という言葉をあてています[15]。もとは小学校段階におけるプログラミング教育の在り方に関する有識者会議の中で出てきた言葉で，その議論のとりまとめでは，

> いわゆる「コンピュテーショナル・シンキング」の考え方を踏まえつつ，プログラミングと論理的思考との関係を整理しながら提言された定義である。

と説明されています[16]。新しい言葉（とその定義）を持ち出したのは，おそらく，コンピューター科学や計算論的思考の教育を念頭におきながらも，アルゴリズムの考え方やその表記の仕方等，より高度な内容は中学校や高校で学習することになっているため，小学校では，コンピューターに何かをさせるには手順が必要なのだということに“気付かせる”ことが大事なのだという趣旨でしょう。そのため，図1-2に示すような，①必要な動きを考える，②動きを命令（記号）に置き換える，③命令（記号）をどのように組み合わせれば自分の意図した動きになるかを考える，という3ステップを試行錯誤しながら繰り返す，という過程こそが涵養すべき論理的思考力であると説明しています。

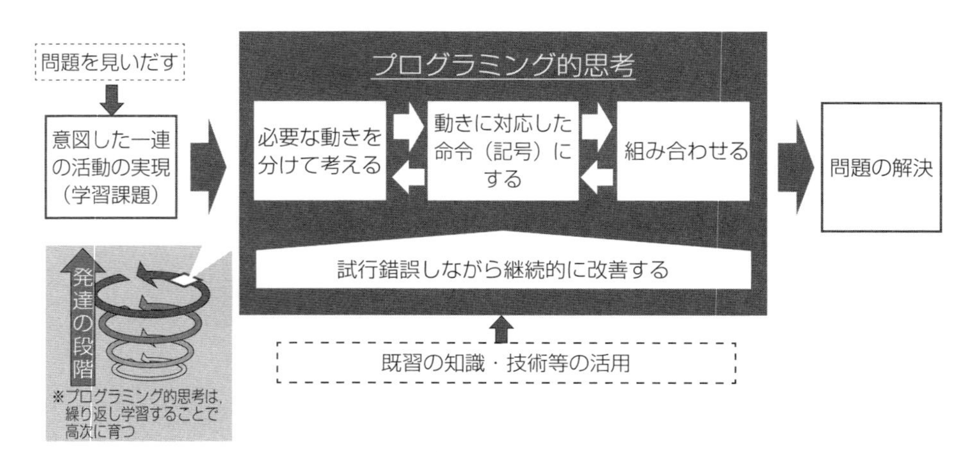

図1-2 プログラミング的思考

（出所）文部科学省，文献［15］，p.15

何らかの行動の手順を書き下すことはコンピュータープログラミングに限って必要となるわけではありません。身近なところでは料理のレシピ（作り方）があげられます。運動会等のイベントやパーティーにおいてもその進行手順，すなわちプログラムを必ず作成する

と思います。例えば，炊飯器でご飯を炊く手順を次のように書き記した場合を考えましょう。

炊飯器でご飯を炊く手順：
① 米を研ぐ
② 炊飯釜に研いだ米を入れる
③ 米の分量に相当する目盛りまで，炊飯釜の中に水を入れる
④ 炊飯釜を炊飯器にセットする
⑤ 炊飯ボタンを押す

この手順に従えば，確かにご飯を炊くことができます。ではこの手順を書くことのできる能力がプログラミング的思考なのでしょうか。コンピューターに対する指示ではなく，人への指示を手順化したものなのでプログラミング的思考とは違うのでしょうか。ではロボットへの指示であれば，これはプログラミング的思考によって作られたものと言えるのでしょうか。さらに別の例で考えてみましょう。

図1-3　ロボットにコーヒーを飲ませるには？

NHK Eテレの「ウワサの保護者会」という番組において，2017年5月20日に放送された内容はプログラミング教育とは何かというものでした[17]。その中で，コンピューターを使わずにプログラミングの考え方を学ぶという授業の例が紹介されました。ロボット役の男性アナウンサーに指示を出して，コーヒーを飲ませるということがこの授業における課題です（図1-3）。番組のスタジオに，コーヒーの入ったポットと，空のカップがのった小さなテーブルが置かれています。ロボット役はテーブルの正面に立っていますが，少し手前に立っています。また，椅子がロボット役から見て，テーブルの右側に離れて置かれています。この状態からスタートして，ロボット役がカップにコーヒーを注ぎ，椅子に座ってコーヒーを飲めたら課題クリアということです。「ロボットに一つ一つ命令を出してもらいます。最初の命令はどうすればいいでしょうか？」と聞かれた番組に出演している保

護者たちが考えた指示は次のような13個の指示でした。

①右足を出す，左足を出す
②少しかがむ
③右手で持ち手をつかむ
④ポットを持ちあげる
⑤カップの持ち手を持つ
⑥45度傾ける
⑦45度戻す
⑧右手に持ったポットをテーブルに置く
⑨右に90度向く
⑩3歩歩く
⑪イスの前に立つ
⑫イスに座る
⑬飲む

このプログラムに従って実際にロボット役が行動を開始すると3つめの指示で行き詰まります。つかむべき持ち手はポットの持ち手なのか，それともカップの持ち手なのか分からないからだと説明がされます。そこで指示を「右手でポットの持ち手をつかむ」と修正します。これで大丈夫かと思いきや，今度は6つめの指示でロボ役が動きを止めます。どちらに傾けていいか分からないからだということです。その後の進行は早送りされますが，最後に「情報を正確に順序立てて伝えることが必要だ」という説明とともに，きちんとロボット役がコーヒーを飲むことができたプログラムが提示されます。

①右足を出す，左足を出す
②少しかがむ
③右手で【ポットの】持ち手をつかむ
④ポットを持ちあげる
⑤カップの持ち手を持つ
⑥【ポットをカップに向けて】45度傾ける　【5秒待つ】
⑦【ポットを】45度戻す
⑧右手に持ったポットをテーブルに置く
⑨右に90度向く
⑩【前に】3歩歩く　【左に90度向く】
⑪イスの前に立つ
⑫イスに座る
⑬飲む

番組ではこの授業後，プログラミング的思考とは「課題を解決するために，どんな手順を踏めばいいのか論理的に考える」ことだとまとめられました。

この番組を見て，なるほどと得心の行った人も多いとは思いますが，何か釈然としない気持ちになった人もいたようです。典型的な質問は

「ポットの傾け方は細かく指示しないとダメなのに，どうしてかがむときは“少し”でいいの？」

「“3歩歩く”という指示でロボットが動くなら，どうして最初に1歩歩くと指示しなかったの？」

「右を向けと言われたら，普通は首だけ右に向けるものではないの？」

「“イスの前に立つ”はいらないのでは？“イスに座る”だけで十分伝わるでしょ」

といったものです。つまりは

「相手がロボットだから，人に対する指示とは違って細々としたことまで正確に伝えなければならない。それは分かるけれど，いったいロボットは何を知っていて，何を知らないの？私と何が違うの？」

という疑問が残ってしまうのです。

1.4 手順を作る手順

大抵の人であれば，「テーブルの上にコーヒーが用意してあるから飲んでね」と言われたなら，支障なくその通りに行動することができるでしょう。でも，もし指示通りに動けない人がいたとしたら，その原因は何でしょうか。テーブルが分からない。コーヒーを知らない。ポットの中のコーヒーをカップに注いでから飲むという含意を理解できなかったというような場合もあるかもしれません。

指示する側の頭の中には，相手がイスに座ってコーヒーを飲むまでの一連の動きがイメージとして浮かんでいます。このイメージを直接的に相手に伝えたいのなら，相手の目の前でやってみせるのが一番だと考えがちです。しかし実際にやってみると，一つ一つの細かな動作まで正確に同じことをさせるのに難儀することでしょう。こちらがやってみせたことと，相手が観察したことは必ずしも一致しないからです。皆さんも誰かに教えようとする際，些事ばかりまねされて，本当にやってほしいことをなかなかやってくれなかったという経験があるのではないでしょうか。

言語という記号化技術はこうした二者間の認識のズレを緩和することを可能とします。“テーブル”という言葉（記号）について共通の理解があれば，それが四角い形をしていようとも，丸い形をしていようとも，あるいは足が何本であろうとも，お互いの認識に齟齬が生じることはまずありません。これは行動や動作についても同様です。“歩く”という言葉について共通の理解があれば，左右どちらの足を先に出すかだとか，足の関節をどのように

曲げるかだとかといったことは細事となります。

ただし注意しなければならないのは，言葉に対する共通のイメージを持つことと，それを実際にやってのける能力は別であるという点です。例えば大工さんが木材を“まっすぐに切る”こと，金型職人が金属の塊を“平らに研磨する”こと。「なあに，平らにする気持ちで削るだけさ。」と言われてもなかなか難しいので，だからこそ職人芸というものの多くは“見て盗む（習得する）”ものとされているわけです。しかし前述した通り，本当に見よう見まねで習得できる人は稀です。一般的には，「なるほど，指先で凹凸を確認しているんだな」だとか，「左手でしっかりと材料を固定するのが大事なんだな」だとかいうイメージを実現するために，各自が必要なコツというものを言語化できて初めて習得できるものとされています。つまり，平らに研磨した結果，金属がどのようになるのかについては共通のイメージを持っていたとしても，それをどうやって実現するかは人それぞれなのだということなのでしょう。（※ここでは身体能力の獲得については除外して考えています。）

さて，「テーブルの上にコーヒーが用意してあるから飲んでね」という指示に話を戻しましょう。“テーブル”という言葉以上に，“コーヒーが用意してある”という言葉の持つ抽象化の効用は実に大きなものです。どんな種類のコーヒーかも問いませんし，カップに入っていようが，ポットに入っていようが，あるいは缶コーヒーだったとしても，とにかく飲むことが許されているものが置いてあることが分かります。同様に，“飲んでね”という言葉も，飲み方についてとやかく言いません。相手にどのような印象を与えるかは別として，がぶ飲みしようが，行儀良く味わいながら飲もうが好きにして良いのです。枝葉ではなく幹，ひいては木に注目させるという点で言語という記号体系はとても優れています。

言葉が通じなかったときや正確に伝わらなかったとき，私たちは別の言葉で言い換えることを試みます。先の例で言えば，もし“コーヒー”が通じないのであれば，“黒い色をした飲み物”というように，あるいはもし“飲んでね”が通じないのであれば，“噛まずにそのまま食べてね”などと別の言葉を組み合わせて表現するわけです。この言い換えの際，組み合わせる言葉と言葉の間に時間の前後の関係が生じると，私たちはこれらを順序づけされた言葉，すなわち手順であると認識します。

例えば，“歩く”という行為は，

両足を交互に前に出しながら前に進む

と言い換えることができますが，この言い換えでは“両足を交互に出す”という言葉と“前に進む”という言葉の同時性が強く表れているため，手順としては認識されにくいのです。しかし，

片方の足を前に出し，その次にもう片方の足を前に出す，ということを繰り返しなが

ら前に進む

という言い換えでは，“片方の足を前に出す”，“もう片方の足を前に出す”，“これを繰り返す”という3つの言葉に次のような順序性が与えられているため，私たちはこれを手順として認識するのです。

歩く：
① 片方の足を前に出す
② もう片方の足を前に出す
③ ①へ戻る

この手順を示しても，「片方って言われてもどちらなのか分からない」となれば，左右いずれかを指定するしかありません。

歩く：
① 右足を前に出す
② 左足を前に出す
③ ①へ戻る

相手によってはもしかすると「足を前に出す」という意味も通じないかもしれません。右足を前に出し，その後，体の重心を前に移動させず無理に左足を前に出そうとして，尻餅をつくようなことも考えられます。そのようなことが想定される場合にはもっと手順を細かく記述しなくてはなりません。

歩く：
① 右足の太ももを少し持ち上げる。
② 右足の膝を伸ばしながら，左足の力を緩め，右足を前方の地面に着ける。
③ 左足で地面を蹴りながら，左足の太ももを少し持ち上げる。
④ 左足の膝を伸ばしながら，右足の力を緩め，左足を前方の地面に着ける。
⑤ 右足を少し蹴りながら，①へ戻る。

この例から分かるように，手順はふつう，

手順を作る：
① 言葉の言い換えを考える
② 言い換えに用いた言葉と言葉の間に順序づけを行う
③ ①に戻る

という手順で作っていきます。手順を導くということは，言葉が表すイメージを段階的に

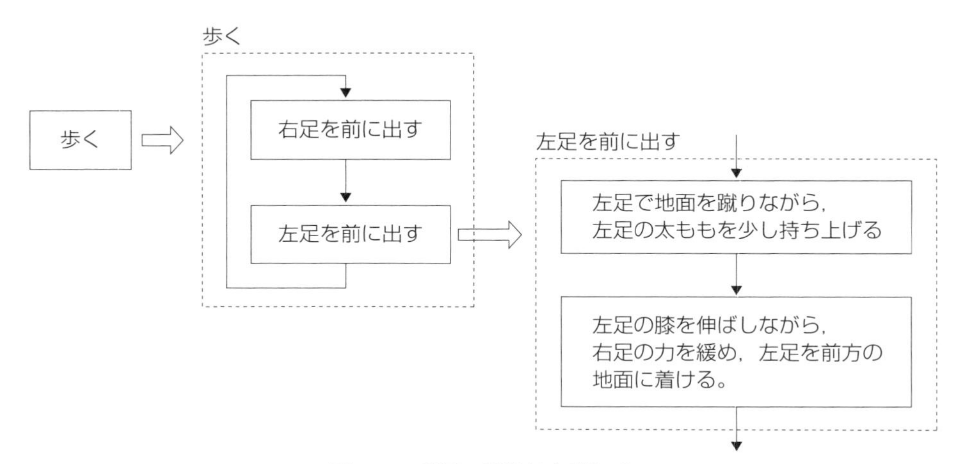

図1-4　手順の段階的な詳細化

詳細化，具体化するという作業なのです（図1-4）。どこまで細かく言い換え続けるのかは指示を受け取る相手がどのような知識を持っているかで決まります。

手順の記述における知識とは，指示される側が指示する側と同一のイメージを持つ言葉のことです。例えば，“右足”をいう言葉を知っているかいないのか。“右足”は知らないけれど，“右”と“足”は知っているというのであれば，手順では“右の足”と記さなくてはなりません。もし指示される側に“足を前に出す”という知識が無いのであれば，それを知っている知識のみで言い換えられるようにしなければなりません。つまり，手順を作る手順は，

> 手順を作る：
> ① 言葉の言い換えを考える
> ② 言い換えに用いた言葉と言葉の間に順序づけを行う
> ③ すべて共通の知識のみで記述できたなら④へ進む，そうでなければ①へ戻る
> ④ 手順の作成を完了

のように修正することで初めて，必ず終わりのある作業となるのです。

1.5 自然言語と形式言語

前節で説明した手順に従って実際に何らかの行動の手順を作成してみると，おかしなことに，いくら言い換えを繰り返しても作業を終えることができないという事態に陥ります。それは手順を記述する道具として，私たち人間の意思疎通のための言語，すなわち自然言語を用いているからです。

自然言語は枝葉に意を払うことなく，幹や木に注目させることができる点で優れた記号体系だと説明しました。“テーブル”という言葉が，形も材質もさまざまな，無限ともいえる種類のテーブルすべてについて，それらのいずれをも指し示すことができる記号であったことを思い出して下さい。自然言語ではいかなる言葉も抽象的な，いわば細部をそぎ落として単純化した概念を表す記号になります。ですから，誰かと誰かの間で全く同一のイメージを持つことは現実的に不可能なのです。そのため手順を段階的に詳細化していく中で，ここまで詳しく書けば大丈夫ではないかという段階に至っても，「でももしこの言葉を自分の想定とは違う別の意味で解釈されてしまったら……」という懸念がどうしても生じてしまうのです。

問題となるのは単語の曖昧さだけではありません。文法の曖昧さも同様です。例えば，“上下に跳ねながら向かってくるボールを掴む”という記述があった場合，指示された人あるいはロボットが上下に跳ねなくてはならないのか，あるいは向かってくるボールにいろいろな動きが想定されていて，その中でも上下に跳ねているボールだけを掴めということなのか，どちらとも解釈することができます。良くも悪くも自然言語では，前後の文脈や，書き手と読み手の状況に応じて文の解釈が変わることを許すのです。「私は魚」と誰かが発言した時，本当にその人が魚でないことは誰でも理解します。もし泳いでいる最中での発言であれば，よほど泳ぐことが楽しいのだなと伝わりますし，食事処での発言であれば，幾つかある定食メニューの内，魚料理がメインのものを頼んだのだろうなということにすぐ思い当たるわけです。

自然言語の曖昧さは日常のコミュニケーションを素早く，円滑なものにするだけでなく，他者の抱く思念や思い描く情景を，時に情感豊かに想起させます。有限の言葉の集合から，事実上，無限の意味を創り出すことができるからです。

> 青々とした海には白帆の影が，白鳥の飛んでいるように見えて，それはそれはいいお天気でありました。（小川未明「海の少年」）
>
> 智に働けば角が立つ。情に棹させば流される。意地を通せば窮屈だ。とかくに人の世は住みにくい。（夏目漱石「草枕」）

しかし，こと読み手に行動を求める実用的文章となるとこの曖昧さがかえって仇となるのです。英文学者の篠原義明は，欧米における作文術を踏まえ，日本語における作文技術を書いた著書で，

> 「話すように書け」は無謀。
> 「見たとおりに書け」は不可能。
> 国文法ができても達意の文は書けない。

会話ができても文は書けない。

というように，書き手の意図を明確に伝える文章の作成がいかに難しいかを分かりやすい言葉で説明しています[18](pp.11-14)。注意深く作文すれば，大抵の人がほとんど間違えることのない手順を自然言語で記述することができるでしょう。ですが，万人がどんな状況でも絶対に間違えることのない手順を自然言語で記述することはできません。また，もし仮にそのような記述ができたとしても，手順に関する記述が冗長になってしまいますので，読む人によっては「もっとシンプルに書けばいいじゃないか！」と苛立たしく感じてしまうでしょう。自然言語は人と人との円滑なコミュニケーションを実現する手段である以上，書き手は，読み手の知識はもちろん，場合によっては性格や好みまでをもよくよく考えながら書かなくてはならないのです。

手順を読み解くのがコンピューターである場合，もはや自然言語は手順を記述する記号体系として用いることさえできません。コンピューターには人のような柔軟性が無く，文脈や状況等によって記号に対する解釈を変えるようなことができないからです。単語も構文も，必要に応じて意味さえも厳密に定めた言語は形式言語（formal language）と呼ばれます。形式言語を用いると，記述された記号列から必ず一意な解釈を，まさに機械的に抽出することができるようになります。プログラミング言語（programming language）は人が意図する活動をコンピューターに行わせる手順を記述するために定められた形式言語です。現在，プログラミング言語以外にも，コンピューターを用いるさまざまな場面でそれぞれの目的に応じた形式言語が定められ，利用されています。例えばインターネット上のウェブページの内容はHTML（Hyper Text Markup Language）という形式言語で記述されています。また，ディジタル文書形式の代表として認知されているPDF（Portable Document Format）も形式言語の一つといえます。

形式言語の目的ともいえる“記述された記号列から必ず一意な解釈を与える”という観点から見ると，コンピューターの登場以前から数学や音楽の分野で使われてきた表記法も，その一部を形式言語として見做すことができます。数学記号を使った数学的な論理の表記法（mathematical notation）や，音楽記号等を使った楽譜の表記法（musical notation）のことです。ただし，どちらも人が人に対して何かを伝えたいときに使う手段であることから，伝えたい内容の全てを厳密に形式化された記号体系で記述するようなことはしません。曖昧さのない言語は人と人との間のコミュニケーションにおいて不都合だからです。数学者の銀林浩は1994年の著書において，イギリスの哲学者，数学者として知られるバートランド・ラッセルが行った試みを引き合いに，数学記号の不完全さを次のように説明しています[19]。

かつて，バートランド・ラッセル（B.A. Russel, 1872-1970）は，その著『プリンキピア・マテマティカ』において，いっさいの叙述を記号に置き換えようとしましたが，その結果は，人間にとって「読むに堪えないもの」となったのでした。だから，数学記号といえども，日常言語からそう遠く離れることはできないのです。したがって，それが日常言語のもつあいまいさをひきずっていたところで，ある程度はやむをえないといわなければなりません。要するに，数学記号の不完全さは一種の宿命なのであって，「使用に堪えない」という不便さとひきかえでなくては，その不完全さを根本的に取り除くことは不可能なのです。

例えば，ab^2は一般に$a \times b^2$と解釈するものですが，$(ab)^2$と解釈されてもおかしいというわけではありません。括弧が省略されているなら，直前の記号に付与されたものと考えるのが普通だという期待をしてもよいだろうというだけです。もしこういった曖昧さを許容しないだとか，命題の証明に自然言語をまったく用いないだとかを規則として決めてしまうと，人は「使用に堪えない」と感じてしまうでしょう。

楽譜の表記においても曖昧な意味をもつ表現は随所に見ることができます。例えば音符にスタッカートがついている場合，音を切り離して演奏することになっています。音を切り離すとはどのような意味でしょうか。一般に音価の半分の長さで鳴らすと説明されるのですが，実際には，演奏者の意思や，曲の趣，前後の音階等々により，それよりも短くなったり長くなったりしてもよいことになっています。また，楽譜にAndante（歩くような速さで）と附記されていても，演奏する人によってAndanteの速度がある程度変わってしまうのは仕方の無いことだとするしかありません。

プログラミング言語は形式言語です。まずその点で数学的表記や音楽的表記と異なるのだということを理解しなくてはなりません。そのうえでさらにもう一点，数学的表記や音楽的表記の一部を含め，プログラミング言語以外の形式言語が「何（what）」を記述するために定められているのに対し，プログラミング言語は「どのように（how）」を記述するために定められたのだということを認識すべきです。例えば数学的表記において，

```
1＋2＋3＝6
```

という式は，

```
1と2と3を足した数は6という数に等しい
```

という事実を表しているに過ぎず，1と2を先に足すのか，あるいは2と3を先に足すのかを問いません。HTMLはウェブページの内容を表し，PDFは文書の内容を表し，楽譜は曲の内容を表しているに過ぎないのです。

一方，プログラムは手順を書き記したものですから，もし 1 ＋ 2 ＋ 3 を計算し，その数をaという記号に割り当てるという活動を，

```
a = 1 + 2 + 3
```

のように書くことのできるプログラミング言語であれば，足し算がどのような順番で行われるのかは必ず規則で決まっています。同じ演算子であれば左から順に計算が行われると決められている場合が多いのですが，右から順と定めているようなプログラミング言語もあります。そもそも2項以上の計算を規定していないものもあったりしますので，そのような際にはあらかじめ計算の順番を，プログラムを作成している人が決めておき，

```
a = 1 + 2
a = a + 3
```

のように記述しなくてはなりません。

小学校の算数では，日常生活に即した計算ができるようになることを大きな狙いとしているのだから，計算の手順も教えているではないかと思うかもしれません。確かに，1+2+3が幾つになるかを計算するときには落ち着いて左から順番に足していきましょうだとか，7+4のように繰り上がりのある場合には7+3+1のように解釈して先に7+3を計算し10を作ってから残りの数1を足しましょうだとかいう算術を教えます。計算問題の様相によって，そういったノウハウがさまざまに存在することでしょう。ですが数学という学問分野においては，結局はどのように計算しようとも，1と2と3を足した数は6であり，7と4を足した数が11であるということを理解し，その答えを計算によって導くことができればそれで良いのです。数式は手順を表しません。表すことを想定していないといってもいいでしょう。それゆえに教師は，数字や数学的記号だけでなく自然言語による発話や板書，さらには図を描くなど，子供たちに計算のノウハウをどうやって伝えるのかに工夫を凝らす努力をしているのです。

ところでコンピュータープログラムには何種類ぐらいの記号が用意されるべきでしょうか。もう少し分かりやすくいうなら，何種類ぐらいの命令があれば，コンピューターが実行できるどんなことでも記述できる（チューリング完全といいます）プログラミング言語となるのでしょうか。命令数の少ないプログラミング言語で記述されたプログラムは，人にとって理解が難しくなることから難解プログラミング言語（esoteric programming language）とも呼ばれ，幾つもの言語がプログラミングを嗜む人の間で遊びの一つとして作り出されています。例えばBrainfuckというプログラミング言語は8つの命令（記号）しかありませんが，チューリング完全であることが証明されています。このプログラミング言語でコンピューターの画面上に“Hello World!”と表示させるプログラムは，

```
++++++++ [>++++ [>++>+++>+++>+<<<<-] >+>+
>->>+ [<] <-] >>.>---.+++++++..+++.>>.<-.<.+++.-
-----.--------.>>+.>++.
```

となります[20]。何か何だか分かりませんよね。もっとも，これはジョークのようなものです。コンピューターの中枢であるCPUが直接理解できる機械語でも普通は100種類程度の命令数が用意されています。命令数は少なすぎても多すぎても人には使いにくくなってしまいます。バランスをとるためには文法規則を豊富に定める必要があります。

プログラムはコンピューターが解釈するものなので，基本的には人に分かりにくくても一向に構わないはずです。しかし，プログラムの作り手が人である以上，人が意図する活動を分かりやすく表現できないと，作り手である人は「使用に堪えない」と感じてしまうでしょう。そこで現在，コンピュータープログラムは，できる限り人が理解しやすい，記述しやすいプログラミング言語を用いて作成することが当たり前になっています。人に易しいプログラミング言語ほど高級（high-level），機械語に近いほど低級（low-level）であると位置付けて呼ぶこともあります。高級プログラミング言語で作成したプログラムは，そのプログラムを機械語に翻訳（変換）する別のプログラムを使ってから，実際にコンピューターに実行させるわけです。

したがって，コンピュータープログラムは機械が理解するものだから人が記述することが難しいのだと思ってはいけません。むしろ今や人が理解しやすいようにコンピュータープログラムを記述しなければならないのです。そのためには，コンピュータープログラムに用いるプログラミング言語の文法や利用できる命令等をあらかじめ学んでおき，手順を徐々に詳細化していく中で，その局面における手順の記述に適した文法や命令を選択できるようにしておくことが重要になります。極論を言えば，先のロボットにコーヒーを飲ませるという問題において，もし利用するプログラミング言語にhave_a_coffeeという命令があって，それでロボットがコーヒーをカップに注ぎ，椅子に座って飲むという動作が実現できるのであれば，プログラムはその命令一つでいいのです。そのような命令が無いのであれば，手持ちの武器（命令）とそれを組み合わせる手段（文法規則）を使ってどうやって実現するかということを，段階的に詳細化しながら考えていくことになります。

1.6 問題のモデル化と知識の表現

コンピュータープログラミングでは，人が直面する問題に対してコンピューターを用いて「どのように（how）」解決するかを，プログラミング言語で定められた，限られた数の記号とその組み合わせ方法のみで記述します。ここでいう問題を見いだすことの重要性は何もプログラミングにおいてだけの話ではありません。私たちの社会の発展は常に皆が“見過ごしていた問題”や“疑問に感じていなかった問題”,“実現できないものだと思い込んでいた問題”などを見いだした偉人・賢人によって支えられてきました。新たに私たちに与えられた道具はコンピューターです。コンピューターを用いることを前提に問題を見いだす力の涵養がこれからの社会で必要とされているのです。ただし，心理学者のアブラハム・ハロルド・マズローが，

> I suppose it is tempting, if the only tool you have is a hammer, to treat everything as if it were a nail.
> （もしもハンマーしか持っていなかったら，すべてを釘として扱ってしまうだろう）

というように，人は道具が与えられるとその道具をむやみやたらに使ってしまう傾向があることには注意が必要です[21]。子供たちにプログラミングを教えようとするのであれば，題材として提示する問題や子供たち自身が見いだした問題が，コンピューターを用いるべき適切な対象であるかどうかよくよく考えるべきでしょう。

問題を見いだすことができたなら，次は問題を可能な限り簡潔に表す作業を行います。不要な情報を切り捨てるという言い方もできます。例えば自動販売機を実現するという問題に対して，自動販売機の物理的な形だとか大きさは不要ですよね。コインを入れてボタンを押したら，そのボタンに対応した品物がでてくるということを実現するのに必要な知識が何かを考え，それらを必要最小限に絞り込めばよいのです。他には，二足歩行をするロボットを実現したいという場合，正確な姿形や質量を考えてしまうとどうしたらよいのか検討もつかないので，ロボットは均質な同一物質でできた棒人形であると考えてしまおうというのもよくある話です。このような“関係ないものを切り捨てる”という姿勢は，物理学者の中で有名な古い冗談話[22]に通じるところがあります。

> 物理学者と工学者と心理学者の三人が，生産の思わしくない酪農場にコンサルタントとして招かれた。三人はまず経営状況をくわしく調べる時間を与えられたのち，順番に呼ばれて意見を聞かれることになった。
> 最初に呼ばれた工学者はこう述べた。
> 「牛舎の仕切りをもっと細かくすべきです。牛をきっちり詰め込んで，一頭あたり八立方メートルくらいにすれば効率があがるでしょう。それから，搾乳管の直径を四パーセントほど大きくして，牛乳の平均流量を増やすことです」
> 次に呼ばれた心理学者は，こう提案した。
> 「牛舎の内側は緑色にしてください。緑は茶色よりも気分を穏やかにしますから，乳の出がよくなるはずです。それから牧草地にもっと木を植えて，牛が草を食べるときに退屈しない風景にしてください」
> 最後に物理学者が呼ばれた。彼は黒板を用意してくれと頼み，円を一つ描いた。
> 「まず，牛を球と仮定します……」

プログラミングにおいては，どうすれば今の状態を希望の状態にできるのかという手順を考えるので，この話になぞらえるなら「まず牛を変数aで表します……」といったところでしょうか。先の自動販売機の例でいえば，コインが投入された状態なのか，あるいはまだ投入されていない状態なのかを表す知識を変数aで表現することが考えられるでしょう。コインが投入された後，ボタンが押された場合のみ，自動販売機は品物を出すべきなので，プログラムとしてはコインの投入状態を知識として理解できなければならないからです。例えば，この変数aの値が0であればコインは未投入，1であれば投入済みといった具合です。このような問題のモデル化と知識の表現については第3章で詳しく説明があります。

1.7 プログラムを創る思考過程

未来を担う子供たちにとって“コンピュータが「魔法の箱」ではなくなり，より主体的に活用する”[15] ことができるようになるには，小学校段階におけるプログラミング教育が単に楽しかったというだけの体験に終わってはなりませんし，意義の分かりづらいコーディング作業（実際にプログラム言語を用いてプログラムを記述する作業）だけに終始してもなりません。もちろん，プログラミング教育を拡大解釈して，コンピューターを抜きにしたプログラミング論を展開するようなことがあってはなりません。子供たちには，身のまわりの物事をデータとして見る力を養い，それらを自らの目的のためにコンピューターを用いて処理させることができることに気付き，その思考過程を身に付けることのできるようになる教育がなされるべきです。そのためにまずは教員を志す全ての人がしっかりとコンピューターの仕組みを学び，そのうえで図1-5に示すように，プログラムを創る思考過程とは，①問題のモデル化と知識の表現，②処理の表現（手続きの段階的な詳細化），③プログラミング言語による記述（コーディング）という3ステップの試行錯誤的な繰り返しであることを理解しておくことが重要です。

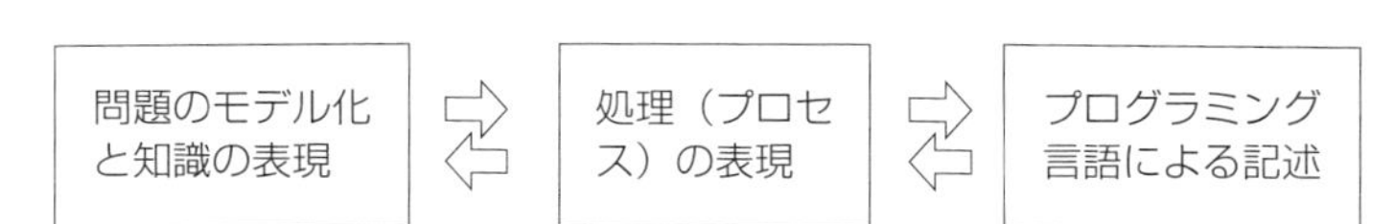

図1-5　プログラムを創る思考過程

参考文献

［1］　メアリアン・ウルフ著，小松淳子訳，プルーストとイカ：読書は脳をどのように変えるのか？，インターシフト，2008.

［2］　W-J・オング著，桜井直文・林正寛・糟谷啓介訳，声の文化と文字の文化，藤原書店，

1991.
［3］ ジェイムズ・グリッグ著，楡木浩一訳，インフォメーション：情報技術の人類史，新潮社，2013.
［4］ トーマス・S・クーン著，中山茂訳，科学革命の構造，みすず書房，1971.
［5］ R. W. Hamming, "One Man's View of Computer Science," *Journal of ACM,* Vol. 16, No. 1, pp. 3–12, 1969.
［6］ シーモア・パパート著，奥村貴世子訳，マインドストーム―子供，コンピューター，そして強力なアイデア，未来社，1995.
［7］ M. Tedre, P. J. Denning, "The Long Quest for Computational Thinking," *Proceeding of the 16th Koli Calling Conference on Computing Education Research,* pp. 120–129, 2016.
［8］ J. M. Wing, "Computational thinking," *Communications of the ACM,* Vol. 49, No. 3, pp. 33–35, 2006.
［9］ L. Pappano, "Learning to Think Like a Computer," *The New York Times,* 2017年4月4日. ［オンライン］. Available: https://www.nytimes.com/2017/04/04/education/edlife/teaching-students-computer-code.html ［アクセス日：2018年9月］.
［10］ D. Rushkoff, *Program or be programmed — ten commands for a digital age,* OR Books, 2010.
［11］ A. Vee, "Understanding Computer Programming as a Literacy," *Literacy in Composition Studies,* Vol. 1, No. 2, pp. 42–64, 2013.
［12］ A. B. Downey, "How to think like a computer scientist," ［オンライン］. Available: http://www.cs.colby.edu/~downey/ost/thinkCS/java_html/index.html（2018年9月現在，Internet Archiveのサービスを使って https://web.archive.org/web/20010420034456/http://www.cs.colby.edu/~downey/ost/thinkCS/java_html/index.htmlから当時の様子を見ることができます。）［アクセス日：2001年4月］.
［13］ A. B. Downey, C. Mayfield, "Think Java — How to Think Like a Computer Scientist," ［オンライン］. Available: http://greenteapress.com/wp/think-java/ ［アクセス日：2018年9月］.
［14］ 文部科学省，"小学校指導要領・解説，" 2017. ［オンライン］. Available: http://www.mext.go.jp/a_menu/shotou/new-cs/1384661.htm ［アクセス日：2018年5月］.
［15］ 文部科学省，"小学校プログラミング教育の手引き（第二版），" 2018. ［オンライン］. Available: http://www.mext.go.jp/a_menu/shotou/zyouhou/detail/1403162.htm ［アクセス日：2018年12月］.
［16］ 文部科学省，"小学校段階におけるプログラミング教育の在り方について（議論の取りまとめ），" 2016. ［オンライン］. Available: http://www.mext.go.jp/b_menu/shingi/chousa/shotou/122/houkoku/1372522.htm ［アクセス日：2018年5月］.
［17］ NHK Eテレ，"「ウワサの保護者会」"プログラミング教育" って，なに？！〈番組内容〉，" 2017年5月20日. ［オンライン］. Available: http://www.nhk.or.jp/hogosya-blog/100/270633.html ［アクセス日：2018年5月］.
［18］ 篠原義明，コミュニケーション技術―実用的文章の書き方，中公新書，1986.
［19］ 銀林浩，子どもはどこでつまずくか―数学教育を考えなおす（現代教育101選），国土社，1994.
［20］ "Brainfuck," ［オンライン］. Available: https://en.wikipedia.org/wiki/Brainfuck ［アクセス日：2018年12月］.
［21］ A. H. Maslow, *Psychology of Science: A Reconnaissance,* Gateway Books, 1969.
［22］ ローレンス・M・クラウス著，青木薫訳，物理学者はマルがお好き―牛を球とみなして始める物理学的発想，早川書房，2004.

第2章　国内外の動向

本章では，小学校段階でのプログラミング教育に関する国内外の動向について紹介します。

海外の動向は文献[1]を参考に概観した後，国家カリキュラムとしている英国の教科「Computing」，CSTAという組織が策定しているコンピューターサイエンス教育の標準を中心に紹介します。

国内の動向として2020年度から始められる学習指導要領，民間団体の動向，学校教育における先進的な取り組みについて紹介します。

2.1　海外の動向

2.1.1　概要

諸外国におけるプログラミング教育の動向については「諸外国におけるプログラミング教育に関する調査研究」[1]に詳しく記載されているので詳細はそちらを参照して下さい。その中で「初等教育段階で必修科目として実施しているのは，英国（イングランド），ハンガリー，ロシア」[1](p.11)と述べています。

本調査によると，ハンガリーでは初等中等教育を通して教科「Informatika」が教えられています。その中で初等教育段階（4年間）のプログラミング教育としては「LOGOによる簡単な図形描画を通して，順次処理について学ぶ」と記述されています。

ロシアではプログラミング教育は2年生から11年生まで一貫して教えられており，必修扱いとなっているようです。初等教育（4年間）では，問題の規則性（図形の大きさや色の違い）を見つけて分類するといったパズルのような例題を扱っています。

アジアの国・地域（韓国，上海，香港，シンガポール）では小学校段階でプログラミング教育を明示的にカリキュラムに位置づけてはいないようです[1]。

以下では英国（イングランド）の状況，アメリカのCSTA，民間団体の活動としてCode.orgを紹介します。

表2-1　英国（イングランド）の初等学校におけるCS分野の教育目標

KS1	KS2
・アルゴリズムとは何かを理解する。アルゴリズムがディジタル機器上でどのようにプログラムとして実現されているかを理解する。プログラムは正確で明確な命令によって実行されていることを理解する ・簡単なプログラムを作成し，デバッグを行う ・簡単なプログラムの振る舞いを予測するために論理的推論（logical reasoning）を用いる	・特定の目標（物理的システムの制御やシミュレーションを含む）を成し遂げるためのプログラムを設計し，作成し，デバッグを行う，問題をより小さな部分に分割することによって，問題を解決する ・プログラム中で順次，条件分岐，繰り返しを用いる。変数，さまざまな形態の入出力を扱う ・簡単なアルゴリズムがどのようにして動作するかを説明するために，そして，アルゴリズムやプログラム中の間違いを見つけ出したり，それらを訂正するために論理的推論を用いる ・インターネットを含むコンピューターネットワークを理解する。ネットワークがどのようにWorld Wide Webのような複数のサービスを提供するのかを理解する ・検索結果がどのように選択され，順位付けされるのかを正しく認識する

2.1.2　英国（イングランド）

英国では2014年9月から国家カリキュラムとして，教科「Computing」がスタートしました。教科「Computing」はCS（Computer Science），IT（Information Technology），DL（Digital Literacy）の3分野で構成されています。それまでのカリキュラムでは「ICT」という教科が実施されていました。教科「ICT」はICTリテラシーや情報活用力の習得を中心としていたのに対し，教科「Computing」は，アルゴリズムの理解やプログラミング言語の学習を取り入れるなど，コンピューターサイエンス（CS）の内容をより充実したものとしているようです[1]。教科「Computing」の中核はCS（Computer Science）とされています[2]。ただし，プログラミングを学ぶことが主眼ではないことも強調されています。教科「Computing」は初等学校と中等学校で必修となっています[1]。初等学校では学級担任が教えることになっています。

英国の国家カリキュラムではキーステージ（Key Stage）と呼ばれる年齢層の区分を設定しています。KS1は日本でいう小学校1年生と2年生をまとめた単位で，KS2は日本でいう小学校3年生から6年生をまとめた単位だそうです。

初等学校（Primary school）のそれぞれの段階でのCS分野の目標（expectation）を表2-1に示します[2]。

2.1.3 アメリカ

アメリカ合衆国は全米で統一したカリキュラムに従うという教育制度ではなく，州で制度を定めているようです。そのため，ここではComputer Science Teachers Association（CSTA）という組織で定めている内容を紹介します。

CSTAはコンピューター関連の全世界規模の学会であるACMの下部組織で，初等中等教育におけるコンピューターサイエンス教育の標準（K-12 Computer Science Standards）の策定を行っています。[3]の要約（Executive summary）によると，情報社会となった21世紀を生きていくためには，どのような職業に就くとしても，児童・生徒はコンピューターサイエンスの原理を十分に理解し，実践できる必要があると述べています。それにもかかわらず，全米50州のうちの3分の2の州では，中等教育のためのコンピューターサイエンスの標準を持ち合わせていない，そのような標準を持っていたとしても，コンピューターサイエンスとアプリケーションの利用を混同していると問題提起をしています。このような背景から，コンピューターサイエンスに関する初等中等教育の接続性を意識したコンピューターサイエンス教育の標準を策定しています。2017年に最新版が公表されました[4]。内容は5つの概念（concept）と7つの実践（practice）から構成されています。その中から，初等教育段階でのプログラミングに関する部分（概念の1要素である「アルゴリズムとプログラミング」）を抜粋，要約して紹介します。なお，ここで紹介するプログラミングやアルゴリズムについて，本書では第3章で説明しています。

初等教育段階の「アルゴリズムとプログラミング」としては5歳から7歳を対象としたレベル1A，8歳から11歳を対象としたレベル1B，11歳から14歳を対象としたレベル2に記載があります。

レベル1Aが扱っている内容は次の8項目です。

(1A-1)　課題（task）を完成させるためのアルゴリズム（1つずつの指示の集まり）を作成し，それに従うことで日々の過程をモデル化する。簡単な食事を作る，歯磨きをする，登校のための準備をする，清掃に参加することを例として，アルゴリズムを作成し，それに従うという学習を行う。

(1A-2)　情報を表現するために，数字や他の記号を使って，プログラムがデータを保存したり，操作する方法をモデル化する。指を上に向けたり下に向けたりすることにより，「はい」「いいえ」の表現に用いる。方向を表すアルゴリズムを書くときに，矢印を用いる。文字や言葉を表現するために，数字，絵文字（pictograph），他の記号を用いて，言葉を数字，絵文字，他の記号に変換したり，数字，絵文字，他の記号を元の言葉に変換したりする。

(1A-3)　アイデアを表現したり，問題を解決するために，順次処理や単純な繰り返し処理（loop）を用いてプログラムを作成する。

(1A-4)　問題を解くために必要な手順を，命令の正確な順序に分割する。ピーナッツバターとジャムのサンドイッチを作るのに必要な手順，歯磨きの手順，形を作るための手順，画面上でキャラクターを動かす手順を分割する。

(1A-5)　プログラムを構成するイベント，ゴール，期待される結果の並びを記述する計画を作成する。

(1A-6)　プログラムを作成するときに，他者のアイデアや他者が作ったものを利用した時には，そのことを明らかにする。

(1A-7)　アルゴリズムやプログラム中のエラーをデバッグ（特定して修正する）する。アルゴリズムやプログラムは必ずしも正しく動作しないかもしれない。児童・生徒が，アルゴリズムやプログラムの問題を解決するために，手順の順番を変える，1ステップずつアルゴリズムを追跡する，試行錯誤すると言ったさまざまな方法を使うことができるように指導する。

(1A-8)　正しい用語を用いて，プログラム開発の過程で取った手順や行った選択を書きとめる。

レベル1Bが扱っている内容は次の10項目です。

(1B-1)　同じ課題のための複数のアルゴリズムを比較，洗練し，どのアルゴリズムが最もふさわしいのかを決定する。
児童・生徒には同じ課題を解くのにいくつかの方法があることを考察させ，どれが最も良い方法であるかを決定することができるように指導する。例として，ある地点から別の地点にたどりつくのに，地図を使い，複数の方法を計画させる。この時，地図ソフトウェアが提示するルートを調べ，最短あるいは最も早く到着できるあるいは何らかの障害を回避する等に基づき，よりよいものに経路を変更することを学ぶ。他の例として正多角形の描くアルゴリズムを考える例を提示している。

(1B-2)　データを保存したり修正するために変数を用いるプログラムを作成する。
コンピュータープログラムでは，データの保存や修正のために変数を用いる。この段階では，変数の使い方が理解できれば十分である。例として，ゲームのスコアの増減のために数学的な操作を用いるや，カウントダウンタイマーがある。

(1B-3)　順次処理，イベント（クリックなどの特定の行動のこと），繰り返し処理，条件分岐処理を含むプログラムを作成する。

(1B-4)　プログラムの開発過程を容易にするために，問題を，より小さくて，管理しやすい部分問題に分割する。分割の例として，アニメーションの作成において，ストーリーをシーンに分割し，シーンごとに背景を選択したり，キャラクターを配置したり，動作をプログラムとして作成する。

(1B-5)　新しい何かを作ったり，より進んだ機能を追加するために，既存のプログラムの一部を修正したり，組み合わせを変えたりして，自分自身の作品の中に取り込む。

例えば2人ゲームのプログラムを開発する際，1人用のゲームのプログラムを修正する，新たにバスケットボールゲームを作成する際に他のプログラムからボールの跳ね返りに関する部分のプログラムを活用する，他の児童・生徒が作成したイメージを修正すること等が考えられる。

(1B-6) 他者の観点を加えたり，利用者の好みを考慮することによって，プログラムの開発を計画するために，繰り返しの過程を導入する。

主要な特徴，時間や資源の制約，利用者の期待を考え，それらをストーリーボード，フローチャート，疑似コード，ストーリーマップなどで文書化する。

(1B-7) 知的所有権を遵守し，プログラムの作成や組み合わせを変える時には，帰属を意識させる。

(1B-8) 意図したとおりに動作するよう，プログラムやアルゴリズムをテストし，デバッグ（エラーを特定してそれを修正する）する。

このとき，自身が作成したプログラムのみでなく，他者が作成したプログラム中の簡単なエラーをデバッグすることができることも必要である。

(1B-9) プログラムの設計，実装，レビュー時に，仲間と協調する際に，教員の指導に従って，役割を変えてみる。

仲間と協調することにより一人で行う場合よりも良い成果を得られる場合がある。プログラム開発中に，書記，ファシリテーター，コンピューターを操作するといった異なる役割を担当する。

(1B-10) コードへのコメント，プレゼンテーション，デモンストレーション等でプログラム開発中に行った意思決定をまとめる。

2.1.4 Code.org

Code.orgは，アメリカ合衆国の人々，特に学生によるコンピューターサイエンスの勉強を支援することを目的にしています[5]。Webブラウザ上で，プログラミングの解説や，プログラミング演習（Hour of Code）を行うことができます。言語を「日本語」に設定すると，日本語表示で学ぶことができます。図2-1はCode.orgのサイトのトップ画面です（画面は2019年6月10日現在のものです）。オバマ前アメリカ合衆国大統領が在職中にHour of Codeの動画に登場し，「ゲームを買うのではなく自分で作りましょう，スマートフォンで遊ぶのではなくプログラミングしましょう」とプログラミング教育の重要性を訴えたことが知られています。

図2-1　Code.orgのサイトのトップ画面

（出所）https://code.org

2.2 国内の動向

国内の動向として，2020年度から小学校で施行される学習指導要領とそれに関連するプログラミング教育に関わることがらを紹介します。そして，民間団体の主要な動向を紹介します。

2.2.1 小学校段階におけるプログラミング教育の在り方に関する有識者会議

2016年5月19日に開催された第27回産業競争力会議で安倍晋三総理は初等中等教育でプログラミング教育を必修化すると述べました[6]。また，同年6月文部科学省は，小学校段階におけるプログラミング教育の在り方に関する有識者会議の議論のまとめを発表しました（以下では「議論のまとめ」と記します）[7]（このあたりの経緯については[8]に述べられています）。

筆者なりにこの文書のポイントを抜き出して以下に列挙します。

・学校教育は「変化が激しく将来の予測が困難な時代にあっても，子供たちが自信を持って自分の人生を切り拓き，よりよい社会を創り出していくことができるよう，必要な資質・能力をしっかりと育んでいくこと」を果たさなければならない。そのためには「これからの時代に求められる資質・能力」として,「子供たちには,ますます身近となる情報技術を効果的に活用しながら,複雑な文脈の中から読み解いた情報を基に論理的・創造的に考え,解決すべき課題や解決の方向性を自ら見いだし,多様な他者と協働して新たな価値を創造していくための力が求められる」。そのためには,「コンピュータの働きを理解しながら,それが自らの問題解決にどのように活用できるかをイメージし,意図する処理がどのようにすればコンピュータに伝えられるか,さらに,コンピュータを介してどのように現実世界に働きかけることができるのかを考えることが重要になる」と述べています。そして,「そのためには,自分が意図する一連の活動を実現するために,どのような動きの組み合わせが必要であり,一つ一つの動きに対応した記号を,どのように組み合わせたらいいのか,記号の組み合わせをどのように改善していけば,より意図した活動に近づくのか,といったことを論理的に考えていく力(『プログラミング的思考』)が必要になる」としています。

・「『プログラミング的思考』は,急速な技術革新の中でプログラミングや情報技術の在り方がどのように変化していっても,普遍的に求められる力であると考えられる。また,特定のコーディングを学ぶことではなく,『プログラミング的思考』を身に付けることは,情報技術が人間の生活にますます身近なものとなる中で,それらのサービスを受け身で享受するだけではなく,その働きを理解して,自分が設定した目的のために使いこなし,よりよい人生や社会づくりに生かしていくために必要である。言い換えれば,『プログラミング的思考』は,プログラミングに携わる職業を目指す子供たちだけではなく,どのような進路を選択しどのような職業に就くとしても,これからの時代において共通に求められる力であると言える」と述べています。「また,『プログラミング的思考』には,各教科等で育まれる論理的・創造的な思考力が大きく関係している。各教科等で育む思考力を基盤としながら『プログラミング的思考』が育まれ,『プログラミング的思考』の育成により各教科等における思考の論理性も明確となっていくという関係を考え,アナログ感覚を大事にしていくことの重要性等も踏まえながら,教育課程全体での位置付けを考えていく必要がある」。

・「小学校教育におけるプログラミング教育の在り方」として,「小学校の6年間の間に,子供たちは,幼児教育を通じて身に付けたことを生かしながら,身近な生活の中での豊かな体験を通じて,具体的な物事を捉え,次第に抽象的な思考力を高めていく」。「このような子供の成長や発達に寄り添う視点が極めて重要である」と述べています。このことを踏まえ,小学校では「基本的に学級担任が全ての教科を担当する学級担任制がとられている」ことを踏まえながら,「小学校におけるプログラミング教育の在り方を考えていく必要がある」としています。「小学校におけるプログラミング教育が目指すのは,前述のように，子供たちが，コンピュータに意図した処理を行うよう指示することができるということを体験しながら，身近な生活でコンピュータが活用されていることや，問題の解決には必要な手順があることに気付くこと，各教科等で育まれる思考力を基盤としながら基礎的な『プログラミング的思考』を身に付けること，コンピュータの働きを自分の生活に生かそうとする態度を身に付けることである」，「小学校におけるプログラミング教育が目指す，身近な生活の中での気付きを促したり，各教科等で身に付いた思考力を『プログラミング的思考』につなげたり，コンピュータの働きが身近な様々な場面で役立っていることを実感しながら自分の生活に生かそうとしたりするためには，学級担任制のメリットを生かしながら，教育課程全体を見渡した中で，プログラミング教育を行う単元を各学校が適切に位置付け，実施していくことが効果的であると考えられる」。

・「プログラミング教育の実施に当たっては，コーディングを覚えることが目的ではないことを明確に共有していくことが不可欠である。（中略）楽しく学んでコンピュータに触れることが好きになることが重要であるが，一方で，楽しいだけで終わっては学校教育としての学習成果に結びついたとは言えず，子供たちの感性や学習意欲に働きかけるためにも不十分である。学習を通じて，子供たちが何に気付き，何を理解し，何を身に付けるようにするのかといった，指導上のねらいを明確にする必要がある」ことも求めています。

2.2.2 学習指導要領と学習指導要領解説

(1) 2017（平成29）年3月告示の学習指導要領で明記されたプログラミング教育の内容

2017年3月告示の学習指導要領では小学校段階でプログラミング教育を実施することが明記されています[9]。プログラミング教育については次に示す箇所で言及されています：

・第1章総則：第3の1の（3）のイ　児童がプログラミングを体験しながら，コンピュータに意図した処理を行わせるために必要な論理的思考力を身に付けるための学習活動。

・算数：第1章総則の第3の1の（3）のイに掲げるプログラミングを体験しながら論理的思考力を身に付けるための学習活動を行う場合には，児童の負担に配慮しつつ，例えば第2の各学年の内容の［第5学年］の「B図形」の（1）における正多角形の作図を行う学習に関連して，正確な繰り返し作業を行う必要があり，更に一部を変えることでいろいろな正多角形を同様に考えることができる場面などで取り扱うこと。

・理科：第1章総則の第3の2の（3）のイに掲げるプログラミングを体験しながら論理的思考力を身に付けるための学習活動を行う場合には，児童の負担に配慮しつつ，例えば第2の各学年の内容の［第6学年］の「A物質・エネルギー」の（4）における電気の性質や働きを利用した道具があることを捉える学習など，与えた条件に応じて動作していることを考察し，更に条件を変えることにより，動作が変化することについて考える場面で取り扱うものとする。

・総合的な学習の時間：第1章総則の第3の1の（3）のイに掲げるプログラミングを体験しながら論理的思考力を身に付けるための学習活動を行う場合には，プログラミングを体験することが，探求的な学習の過程に適切に位置付くようにすること。

（2）学習指導要領解説

学習指導要領解説[10]において，プログラミング教育に関して，以下の例示がなされています。

①算数（第5学年 正多角形の作図）の例示

「小学校学習指導要領（平成29年告示）解説 算数編」では，下記のように，算数科におけるプログラミング教育について述べています：「算数科において，プログラミングを体験しながら論理的思考力を身に付けるための活動を行う場合には，算数科の目標を踏まえ，数学的な思考力・判断力・表現力等を身に付ける活動の中で行うものとする。

算数科においては，問題解決したのち，問題解決の仕方を振り返り，問題解決の方法をより簡潔・明瞭・的確なものに高めたり，それを手順としてまとめたりするという学習活動が多く行われる。例えば，整数などの計算の仕方を考えた後，計算の仕方を簡潔・明瞭・的確なものとしていく中で，筆算という形式で表し，計算の仕方を筆算の手順としてまとめていく。筆算として計算の仕方をまとめた後は，手順通りに間違いなく筆算を行うことが大切になる。これは技能である。

このように算数科の学習は，問題の解決には必要な手順があることに気付くことに資するものである。」

②理科（第6学年 電気の利用）の例示

「小学校学習指導要領（平成29年告示）解説 理科編」では，下記のように，具体的な機器を挙げて，プログラミングの体験学習の在り方について述べています：「身の回りには，温度センサーなどを使って，エネルギーを効率よく利用している道具があることに気付き，実際に目的に合わせてセンサーを使いモータの動きや発光ダイオードの点灯を制御するなどといったプログラミングを体験することを通して，その仕組みを体験的に学習するといったことが考えられる」。

また，小学校学習指導要領（平成29年告示）解説 理科編では，下記のように「プログラミングを体験しながら論理的思考力を身に付けるための学習活動」や児童への負担の配慮について記述されています：「『プログラミングを体験しながら論理的思考力を身に付けるための学習活動』については，第1章総則第3の1（3）イに掲げられているとおり，小学校段階において体験し，その意義を理解することが求められている。そこでは，意図した処理を行うよう指示することができるといった体験を通して，身近な生活でコンピュータが活用されていることや，問題の解決には必要な手順があることに気付くことを重視している。

理科において，これらの活動を行う場合には，児童への負担に配慮しながら，学習上の必要性や学習内容との関連付けを考えて，プログラミング教育を行う単元を位置付けることが大切である。視聴覚機器の有効活用といった観点と同様に，プログラミングの特性を踏まえて，効果的に取り入れることにより，学習内容と日常生活や社会との関連を重視した学習活動や，自然の事物・現象から見いだした問題を一連の問題解決の活動を意識しながら論理的に解決していく学習活動などが充実すると考えられる」。

③総合的な学習の時間（探究的な学習の過程）の例示

「小学校学習指導要領（平成29年告示）解説 総合的な学習の時間編」では，下記のように，総合的な学習の時間におけるプログラミング教育の考え方について，複数の例示が述べられています：「例えば，カプセルトイの販売機とジュースの自動販売機を比べてみる。カプセルトイの販売機に比べ，ジュースの自動販売機は何が起きているのか分からない。お金を入れボタンを押すことで，選んだジュースとおつりが出る。自動販売機の中では何が起きているのだろう。子供たちは自動販売機の中で『プログラム』が動いていることを知り，身近な生活の中には，プログラムで動いていると想像されるものがたくさんあることに気付く。ここでジュースの自動販売機の中で起きていることをプログラミングする体験を取り入れることによって，プログラムは『機械の中にあるもの』，『機械に人間が考えた動きをさせるための命令であること』，『効率的に，順序立てた命令文の積み重ねであること』などを理解する」。

「身近にプログラムで動いているものに関心をもった児童は，電気・水道・公共交通機関などのライフラインを維持管理するためにもプログラムが働いていることや，AI（人工知能）やビッグデータの活用，ロボットの活用によって，私たちの生活がより快適になり効率的になっていることにも気付いていくことが考えられる。

それらのプログラムの恩恵だけではなく，プログラムを悪用したコンピュータウイルスやネット詐欺などの存在にも触れることで，様々な新たな技術が開発され自分たちの身近な存在になる一方，『人間らしさとは何か』，『人間にしかできないこととは何か』，『人間としてどのように暮らしていけばいいのだろうか』など，自分の生き方を考え直すことも期待できる」。

2.2.3 小学校プログラミング教育の手引

文部科学省は，プログラミング教育に対して抱かれている不安を解消することをねらいとして，「小学校プログラミング教育の手引」[11]を発行しています。この手引では，プログラミングに関する学習活動を次の6つに分類しています：

A：学習指導要領に例示されている単元等で実施

B：学習指導要領に例示されていないが，学習指導要領に示される各教科等の内容を指導する中で実施

表2-2　プログラミングに関する学習活動の分類と指導例

分類	指導例
A：学習指導要領に例示されている単元等で実施	正多角形の意味を基に正多角形をかく（算数：第5学年）
	電気の性質や働きを利用した道具があること等をプログラミングを通して学習（理科：第6学年）
	「情報化の進展と生活や社会の変化」を探求課題として学習（総合的な学習の時間）
	「まちの魅力と情報技術」を探求課題として学習（総合的な学習の時間）
	「情報技術を生かした生産や人の手によるものづくり」を探求課題として学習（総合的な学習の時間）
B：学習指導要領に例示されていないが，学習指導要領に示される各教科等の内容を指導する中で実施	さまざまなリズム・パターンを組み合わせて音楽をつくる（音楽：第3～6学年）
	都道府県の特徴を組み合わせて47都道府県を見付ける（社会：第4学年）
	炊飯について学習する（家庭：第6学年）
	課題について探求してわかったことなどを発表（プレゼンテーション）する学習（総合的な学習の時間）
C：教育課程内で各教科等とは別に実施	プログラミングの楽しさや面白さ，達成感などを味わえる題材などでプログラミングを体験する取組
	各教科等におけるプログラミングに関する学習活動の実施に先立って，プログラミング言語やプログラミングの技能の基礎について学習を実施する例
	各教科等の学習を基に課題を設定し，プログラミングを通して課題の解決に取り組む学習を展開する例
	各教科等の学習を基に，プログラミングを通して表現したいものを表現する学習を展開する例

C：教育課程内で各教科等とは別に実施

D：クラブ活動など，特定の児童を対象として，教育課程内で実施

E：学校を会場とするが，教育課程外のもの

F：学校外でのプログラミングの学習機会

そして，それぞれの分類に対して指導例を示しています。その中からA～Cの指導例を表2-2にまとめます。

2.2.4　民間団体の主要な動向

小学校でのプログラミング教育に関わっている民間団体の動向について紹介します。

(1) みんなのコード

みんなのコードは，「2020年度から必修化される小学校でのプログラミング教育にて，子供たちがプログラミングを楽しめる授業が日本中に広まるように，学校の先生等への支援を企業・行政と協力しながら実施する」ことを目指した特定非営利活動法人です[12]。指導者養成塾を開いたり，イベントの開催，メディアへの情報発信を行っています。

(2) NPO法人CANVAS

NPO法人CANVASは，2002年11月に設立された創造的な学びの場を産官学連携で提供している団体です。活動の一つとして子供たちへのプログラミング教育を行っています[13]。

(3) 未来の学びコンソーシアム

未来の学びコンソーシアムは，「文部科学省，総務省，経済産業省が連携し，次期*学習指導要領における『プログラミング的思考』などを育むプログラミング教育の実施に向けて，学校関係者や教育関連やIT関連の企業・ベンチャー，産業界と連携し，多様かつ優れたプログラミング教材の開発や企業等の協力による体験的プログラミング活動の実施等，学校におけるプログラミング教育を普及・推進」する団体です[14]。公開授業，研修会，シンポジウム等のイベントを開催しています。

2.2.5 学校での実践事例

学校での実践事例を紹介します。

(1) 東京都品川区京陽小学校の事例

東京都品川区京陽小学校では，2014年度から全学年・全クラスにおいて，国語・算数・音楽・図工・生活科・社会科・市民科（品川区で設置しているもの）」など多くの教科にわたってプログラミング教育に取り組んでいます[15]。例えば，1年生の図画工作科「パソコンを使った水族館作り」の中にプログラミングを取り入れています。児童がクレヨンで描いた魚を教師がスキャナで電子化し，それを読み込んで，プログラミング言語Scratchを用いて，魚の個性を想像し，個性にあわせてその動きをプログラムで表現することを行っています。児童同士が作品を見せあったり，教えあいが自然に発生するなどの効果があったと述べられています。また，プログラミングに関する専門的な知識を持ちあわせていない担任が一人で授業を行っているようで，まさに文献[7]が求めていることを実践しています。

＊2017（平成29）年3月告示の学習指導要領のこと。

表2-3　つくば市のコアカリキュラム

学年・教科	単元名とそこで育成する能力	利用教材
1年・国語	単元名：「こえに出してよもう『スイミー』」 物語の好きな場面を「選択」し，登場人物の気持ちや様子を考えながら自分なりに「解釈」して音読にあう背景をプログラミングでアニメーションにすることができる。	プログラミン
2年・生活	単元名：「わたしの町はっけん町の人につたえたい」 自分の訪れた場所の名前と写真を，簡単なアニメーションをプログラミングすることで地図上で紹介することができる。	Scratch
3年・音楽	単元名：「日本の音楽に親しもう」 Scratchでプログラミングされて創られた旋律を聴き合い，友達と意見を出し合っていく中で，よりよいお囃子にしていくために論理的に考えて解決することができる。	Scratch
4年・理科	単元名：「季節と生き物」 「季節と生き物」に関して収集した情報を自分なりに解釈し，クイズを作成するためのシーケンスを理解しながらプログラミングを通してまとめることができる。	Scratch
5年・算数	単元名：「正多角形と円」 自分が意図した正多角形をかくためにはどのような動きの組み合わせが必要か，どのように改善していけばよいかを考え，さまざまな正多角形をかくプログラムを作成することができる。	Scratch
6年・理科	単元名：「電気の性質とその利用」 プログラミングを利用した教材などを適切かつ安全に使って電気の性質や働きを調べ，そのしくみや結果を科学的に分析することができる。	マイクロビット

（出所）文献［16］

(2) 茨城県つくば市の事例

続いて，茨城県つくば市の事例を紹介します[16]。つくば市では，市内全体が同一のカリキュラム（コアカリキュラム）でプログラミング教育を進めています。表2-3に示すように，発達段階に応じた系統的なプログラミング学習ができるようになっています。さらに，コアカリキュラムに対応した教材やワークシートも提供されています。

この他にも数多くの事例が書籍等で紹介されています（[17]，[18]，[19]，[20]，[21]，[22]など）。

参考文献

［1］　「諸外国におけるプログラミング教育に関する調査研究」（文部科学省平成26年度・情報教育指導力向上支援事業）報告書，2015，http://jouhouka.mext.go.jp/school/pdf/programming_syogaikoku_houkokusyo.pdf［アクセス日：2019年1月10日］.
［2］　Computing At School, Computing in the national curriculum — A guide for primary teachers, 2013, http://www.computingatschool.org.uk/data/uploads/CASPrimaryComputing.pdf

［アクセス日：2019年1月10日］.
［3］ K-12 Computer Science Standards Revised 2011, 2011.
［4］ K-12 Computer Science Standards Revised 2017, 2017, https://www.csteachers.org/page/standards［アクセス日：2019年1月10日］.
［5］ Code.org, https://ja.wikipedia.org/wiki/Code.org［アクセス日：2019年1月10日］.
［6］ 内閣官房内閣広報室，産業競争力会議，2016年5月19日，http://www.kantei.go.jp/jp/97_abe/actions/201605/19sangyo_kyosoryoku_kaigi.html［アクセス日：2019年1月10日］.
［7］ 文部科学省，小学校段階におけるプログラミング教育の在り方について（議論の取りまとめ），2016, http://www.mext.go.jp/b_menu/shingi/chousa/shotou/122/attach/1372525.htm［アクセス日：2019年1月10日］.
［8］ 吉田葵，阿部和広，はじめよう！プログラミング教育，日本標準，2017.
［9］ 文部科学省，小学校学習指導要領，2017，http://www.mext.go.jp/a_menu/shotou/new-cs/1383986.htm［アクセス日：2019年1月10日］.
［10］ 文部科学省，小学校学習指導要領解説，http://www.mext.go.jp/a_menu/shotou/new-cs/1387014.htm［アクセス日：2019年1月10日］.
［11］ 文部科学省，小学校プログラミング教育の手引（第二版），2018，http://www.mext.go.jp/a_menu/shotou/zyouhou/detail/1403162.htm［アクセス日：2019年1月10日］.
［12］ みんなのコード，https://code.or.jp/［アクセス日：2019年1月10日］.
［13］ CANVAS遊びと学びのヒミツ基地，http://canvas.ws/［アクセス日：2019年1月10日］.
［14］ 未来の学びコンソーシアム，小学校を中心としたプログラミング教育ポータル，https://miraino-manabi.jp/［アクセス日：2019年1月10日］.
［15］ 学校まるごとわくわくプログラミング―品川区立京陽小学校の事例―，情報処理，Vol. 57, No. 12, pp. 1216-1238, 2016.
［16］ つくば市総合教育研究所，つくば市プログラミング学習の手引き第2版，2018，https://www.tsukuba.ed.jp/~ict/?page_id＝515［アクセス日：2019年1月10日］.
［17］ 文部科学省，プログラミング教育実践ガイド，http://jouhouka.mext.go.jp/school/programming_zirei/［アクセス日：2019年1月10日］.
［18］ 黒上晴夫，堀田龍也，導入前に知っておきたいプログラミング教育思考のアイデア，小学館，2017.
［19］ 利根川裕太，佐藤智，一般社団法人みんなのコード，先生のための小学校プログラミング教育がよくわかる本，翔泳社，2017.
［20］ 松村太郎，山脇智志，小野哲生，大森康正，プログラミング教育が変える子どもの未来 AIの時代を生きるために親が知っておきたい4つのこと，翔泳社，2018.
［21］ 赤堀侃司，久保田善彦，つくば市教育局総合教育研究所，これならできる小学校教科でのプログラミング教育，東京書籍，2018.
［22］ 小林祐紀，兼宗進，白井詩沙香，これで大丈夫！ 小学校プログラミングの授業3＋αの授業パターンを意識する［授業実践39］，翔泳社，2018.

第3章　プログラミング概説

本章では，プログラミングを通して人間とコンピューターの違いを理解することを目的とし，プログラミングの基本となる概念やモデル化の方法を学びます[1][2]。

3.1　プログラミング言語とは

プログラミング言語とは，「人間がコンピューターを動かすために，命令を正しくコンピューターに伝える手段として，人間とコンピューターとの間に介在し，コンピューターで実行する計算を表現する形式的な体系」です。プログラム（プログラムコード）は，コンピューターを動かすための一連の命令をプログラミング言語の約束事に則って記述したものです。一般にプログラムは，何らかの機能（意味のある仕事）を有しています。

コンピューターに正確に命令を伝えるためには，曖昧のない表現でなくてはなりません。そのためプログラミング言語には，言語ごとに約束事（言語仕様）があり，限られた記号（例えば，**if**，**for**，**変数名**，など）を用いて，限られた書式（文法）で動作（一連の命令）を記述しなければなりません。

例えば，代表的なプログラミング言語である「C言語」での条件分岐の命令は，以下のように英単語のような文字列と記号の組み合わせにより記述します。

```
if ( randnum < 100 )
    a = a + 1;   // randnumの値が100未満の場合aの値に1を加える
else
    b = b + 1;   // そうでない場合bの値に1を加える
```

プログラミング言語の仕様は，構文規則と意味規則によって定義されます[1]。構文規則は，プログラム記述に利用できる記号（字句）の集合とそれらを用いたプログラム記述のための規則の集合（文法）です。これらは，曖昧性を排除するために，形式文法と呼ばれる，記号の書き換え規則の集合によって定義されます。意味規則は記述された表記がどのような動作をするのか（表記の解釈）を規定するものです。一般には自然言語や数学的な表記を用いて記述します。同じ表記でも，コンピューターによって異なる解釈（計算）がなされると，結果が異なってしまいます。このようなことを防ぐためにも，表記の解釈を定めておくことが重要となります。プログラミング言語は，コンピューターの環境に依存することなく，同一のプログラムからは同一の結果が得られなければなりません。言語仕様に則って記述されたプログラムは，構文規則と意味規則によって，誰が見ても同じ解釈が得られることが保証されていなければなりません。

上記の例では，**if** **else** （ ） ＜ ＝ **a** **b**などが字句であり，プログラムの構成要素の最小単位です。C言語のプログラミングで利用可能な記号群です。条件分岐の命令では「**if**」の次には「（」，次に分岐のための「条件式」，続いて「）」が記述されます。**if**文の場合は，条件式の値が真の時に「）」続く命令を実行します。条件式が偽の時には**else**に続く命令を実行します。各命令文の終端には，「；」を書くことが決められています。このように**if** （ 条件式 ） **else**等の順序が文法で定められています。字句と文法によってプログラムの表記を規定することになりますが，条件式の真偽によって処理が変わることは意味規則によって規定されることになります。

C言語のように構文規則に従ってプログラムを記述することは，プログラミング初学者にとっては困難な作業です。このような困難な作業の軽減化を図ったブロック型のプログラミング言語が開発されています。その一つにScratch（スクラッチ）*があります。Scratchは，MITメディア・ラボ（米国マサチューセッツ工科大学内の研究所）で開発されたプログラミング言語（プログラミング言語環境）で，構文規則を覚えることなくプログラムが容易に作成できるように設計されています。各命令に異なった形状のブロックが用意され，ブロックの断片には凹凸が付いています。その凹凸がうまくかみ合うようにブロックを組み合わせることで，プログラミングを行います。凹凸が正しく組み合わさることで正しい構文のプログラムが作成できることになります。凹凸が合わなければブロックを並べることができないため，構文の誤ったプログラムの作成防止となります。このようにScratchでは，ブロックの凹凸の組み合わせによって構文規則（文法）を保証しているため，プログラミング初学者に対する負担軽減を図ったプログラミング環境を提供していると言えます。

上記C言語で記述した条件分岐（if文）は，Scratchでは制御（条件分岐）用のブロック

を用いて右のように記述します。

＊ ScratchはMITメディア・ラボのライフロング・キンダーガーテン・グループによって開発されました。https://scratch.mit.edu から自由に入手できます。

column

プログラムの正しさには以下のように階層が存在します。

- 構文的に正しい：文法的に正しい。
- 意味的に正しい：整合的に正しい。整合的に正しくない例は以下の通りです。
  - 異なる型で演算をおこなう
  - 同じ変数名が別の型として再度定義されている
  - 配列の添え字が不適当である
- 機能的に正しい（正しいプログラム）：想定した答えが得られていること。想定した答えが得られていない場合は，その原因として論理の構成が誤っている。

このように，構文的な誤り，意味的な誤り，機能的な誤りを解消しないと正しいプログラムを作成したことにはなりません。

3.2 プログラミングの基本概念

近年，コンピューターの進展に伴い多くの情報を収集し速く処理することが可能になってきました。私たちの生活の多くの部分にコンピューターが介在し，生活スタイルも変化し続けています。現実社会ではさまざまな課題がコンピューター（プログラム）によって解決されています。例えば，最近のエアコンは人のいる場所を感知してそこに最適な温度が保たれるようなコントロール機能を持つものがあります。これは最適温度を吹き出すための計算がプログラムによってなされ，快適な温度を保つような動きが達成できています。

表3-1　計算論的思考の概念

概念	概要
抽象化	問題を単純化するため，重要な部分は残し，不要な詳細は削除する。物事の核心となる部分に注目すること。
デコンポジション	問題や事象をいつくかの部分に，理解や解決できるように分解して分かりやすくすること。
アルゴリズム的思考（手順化）	問題を解決するための明確な手順で，同様の問題に共通して利用できるもの。
評価	アルゴリズム，システムや手順などの解決方法が正しいか，確認する過程である。
一般化	周期性や法則性を見つけ，一部の事物で成立していることから，他の事物へと広げ，全体に成立するように論を進めること。類似性からパターンを見つけて，それを予測，規則の作成，問題解決に使用すること。

（出所）文献［4］の表2をもとに作成

また「乗換案内」などのアプリは，電車の駅，路線，駅間の距離，運賃，時間等の関係構造をコンピューター内に表現し，それをもとに最短時間や安価な経路を計算して提示する便利なツールです。これもプログラムによって出来ています。

このようなプログラムを作成するには，第1章で学んだような「計算論的思考（Computational Thinking）」[3] と呼ばれる基本的な技術の習得が重要であり，英国では表3-1のような概念に体系化し[4][5]，情報教育カリキュラムに導入しています[6][7][8][9]。

これらは，プログラミングに重要なモデル化の基本概念にもなります。

3.3 モデル化

「モデル」という言葉を聞いたことがあるでしょう。例えば，ファッションモデル，プラモデル，ビジネスモデル，経済モデルなど。モデルには，手本，模範，模型，類似物，枠組みなど，さまざまな意味があります。例えば，既製服の表示（S，M，L，LL）などもモデル化の一つです。服を制作するためには，身長，背丈，ズボン丈，袖丈，胸囲，胴囲，腕回り，首回りなどの多くの採寸が必要ですが，これらを詳細に扱うことは困難が生じます。そこで，日本人の体形に合わせ，大雑把にS，M，L，LLに分類して扱うことにより，服メーカーにとっても効率良く，消費者にとっても簡単に購入することができるようになるわけです。ここには，抽象化（単純化）の作業が伴っています。

プログラミングの基本概念における「モデル化」とは，「対象となる複雑な世界や現象を抽象化し，何らかの手段で表現すること」ということができます。問題解決を図りたい対象世界をコンピューターで処理する（プログラムを書く）ためには，対象世界のモデル化が必要です（図3-1）。与えられた問題に対して，いきなりプログラムを作成することは難しく，一般には，対象世界の問題を吟味し問題の抽象化を図り，「設計」と呼ばれる段階を経て，どのようなプログラムを作成すべきかの見通しを立ててからプログラムを書きます（コーディングします）。その際に，対象世界をプログラムの中でどのように表現するのか（情報の抽象化），どのような手順で問題を解決するのか（手順の抽象化：アルゴリズム）といったモデル化の作業が発生します。

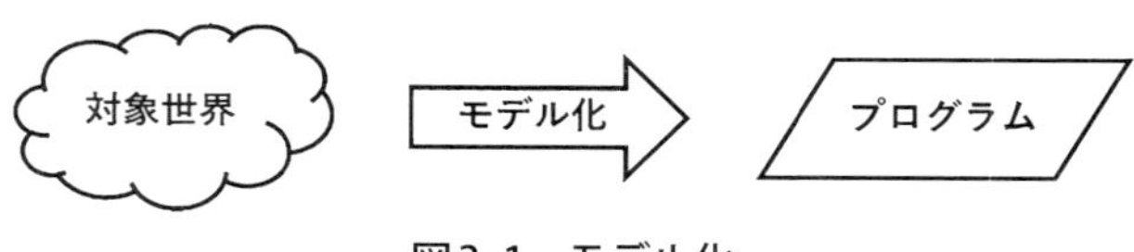

図3-1　モデル化

プログラム設計には，問題となる材料を抽出すること，そして材料となる「情報」をどのように表現してそれらをどのように調理するのか「手順」を決めなければなりません。そこで，以下の3つの抽象化が重要となります。

(1) 問題の抽象化

まず，対象世界で起こっている問題を吟味して抽象化します。その際には，次の事柄の検討が必要です。

・入出力の確定：与えられているものは何か（入力），何が得たいのか（出力）を見定めること。

・単純化：問題の核心となる要素は何か，枝葉を切り落とし単純化して核心部分の概念を抽出すること。

・デコンポジションの検討：問題をいくつかの部分に切り分け，複雑な問題を分割することにより問題を簡単化して解決し易くすること。

・方略の検討：問題を解決するための方略を吟味し，より良い方略を選択すること。

例えば，遊園地の来場者数を予測する問題を考えてみよう。来場者数（出力）には，日時，曜日，天気，気温，湿度，学校行事など多くの要因（入力）があると考えられます。すべての要因を考慮することは難しく問題解決をより複雑にすることになるため，特に影響の大きいと考えられる要因に絞って議論することも重要です。この場合，例えば，入力として曜日と天気だけに絞って吟味することも問題の抽象化になります。

(2) 情報の抽象化

次に，抽出した概念（抽象化した問題）をプログラム内で表現する方法を検討します。ここでは，どのような情報を扱い，それらをコンピューター内で効率よく処理するために一定の形式に系統立てて扱えるように，情報を構造化します。この形式を「データ構造」と呼びます。

例えば，乗換案内のプログラムでは，駅と駅の繋がりやその間の距離，時間，料金などを表現した情報の抽象化を考える必要があります。その一例として，図3-2のようなグラフ構造で表現することがあります。このように表現することによって，情報間の関係構造

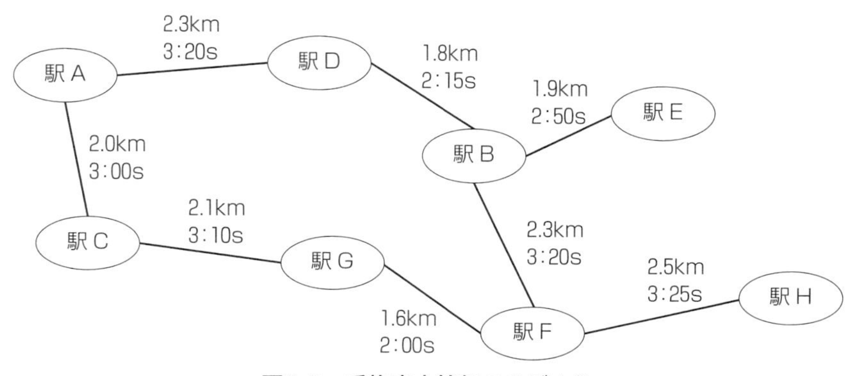

図3-2　乗換案内情報のモデル化

が把握しやすくなります。

ここで「グラフ」とは，頂点と辺の集合により構成された図形のことであり，棒グラフや円グラフ等の数値を視覚的に表示したものとは異なる概念です。この例では，頂点に「駅」を割り当て，辺とし「路線として繋がっている駅間の線」を割り当て，図として表現したものです。各辺には，駅間の距離と時間が付されています。このように情報の抽象化により，ある駅からある駅までの距離や時間を計算し易くする等のメリットが生じます。

(3) 手順の抽象化

プログラムの動作（手順）の記述には，アルゴリズムが重要です。アルゴリズムとは，「ある目的を達成するために有限回の処理手順を施して，停止し，答えを出すように定式化した形で表現されたもの」であり，単なる手順とは異なります。アルゴリズムは，プログラムの動作の本質を抽象化したもので，プログラム記述で用いる記号や文法にとらわれることなく，出力（結果）を得るための動作を表現したものです。アルゴリズムの開発には，次の概念の必要です。

- デコンポジション：事象をいくつかの部分に分割し，アルゴリズムの流れの見通しを立てること。
- 一般化（汎用化）：同様な問題に共通して利用できるようにすること。
- 手順化：問題解決の手順を吟味して明確にすること。
- アルゴリズムの表現：上記手順を何らかの方法で表現すること。一般にアルゴリズムの表現には，疑似コード（よく使われるプログラミング言語の命令文と自然言語を組み合わせた架空の言語で記述したもの）やフローチャート（次節で解説）などが用いられます。アルゴリズムは，自然言語で表現するよりも単純で曖昧さを減らし的確に表現ができることから，人間が考える時のツールとして利用でき，自分の考えを他者に伝えるための手段，他者との共有の手段として役立ちます。

人間が行うことをそのままコンピューターができるわけではありません。コンピューターが処理できるように，コンピューターの立場に立って処理を考える必要があります。アルゴリズムの表記には，抽象度を変えて書くことが許されています。最も抽象度の低いものは，プログラムのコードに近いものとなるでしょう。

アルゴリズムを自動実行する手段として，プログラミング言語によるコンピューター処理が考えられます。つまりプログラミング言語は，データ構造とアルゴリズムをコンピューターに伝え処理してもらうための手段となります。

上記（1）～（3）の抽象化を経てコーディングに進むわけですが，適宜，検証と評価を行い，必要に応じ（1）～（3）を行きつ戻りつしながら，プログラムを完成させることになり

column

アルゴリズムとデータ構造に関する古典的な著書に『アルゴリズム＋データ構造＝プログラム』(Niklaus Emil Wirth ニクラウス・ヴィルト著）［10］があります。これは，アルゴリズム，データ構造，プログラムをキーワードとして入れた斬新なタイトルですが，情報の抽象化，手順の抽象化が重要であり，これらがきちんとできないとプログラミングに繋がらないことが示唆されています。

ます。これは6.3で述べるプログラミング的思考の中心的な考え方といえます。

例　自宅から出張先への最適な経路をモデル化してみよう。

まず，問題を簡単化するために，以下の3つに分けて考えることとします（デコンポジション）。

・自宅から最寄り駅までの経路
・最寄り駅から出張先の最寄り駅までの経路
・出張先の最寄り駅から出張先までの経路

続いて，手順を書き出してみましょう。それには以下の点を考慮します。
・表現の粒度（道に沿って書く方法，ランドマークを用いて書く方法 など）の選定
・条件の吟味
　時間優先，距離優先，料金優先
・状況に応じて経路変更
　悪天候の場合，途中からバスを利用するなど

最後に，一般化します。上記は特定の人の出張経路でした。起点と終点を入力して，条件に合った最適経路を出すように，汎用的にすることも重要です。

3.4 アルゴリズムの表現

3.4.1 フローチャート

アルゴリズムの表現手法の一つにフローチャートがあります。フローチャートはプログラミング言語に依存しない抽象的な表現であり，手順を視覚的に理解することができます。
フローチャートは，主に次の4種の記号と線または矢印の組み合わせにより表現します。

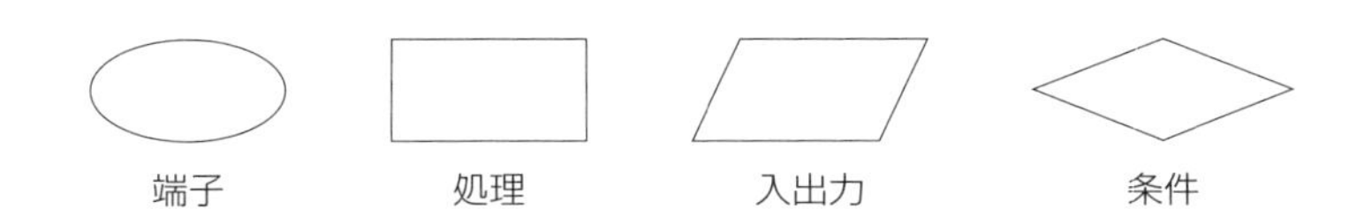

端子：楕円内に「Start」や「Stop」の文字を書いてアルゴリズムの始まりと終わりを示します。

処理：各種の処理を意味し，長方形の中に処理の内容を書きます。

入出力：入力，出力を意味し，平行四辺形の中に入出力の対象を書きます。

条件：条件分岐を意味し，ひし形の中に条件を書きその真偽によって処理の流れを分岐させる場合に用います。

これらの記号を流れ線 ―――― もしくは ――――＞ によってつなぎ，アルゴリズムの手順を示します。

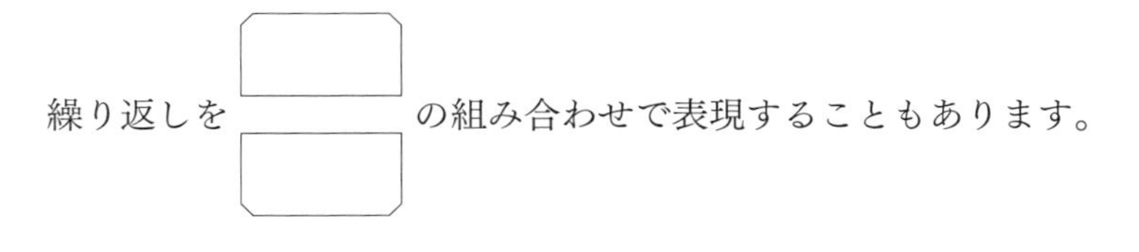

繰り返しを の組み合わせで表現することもあります。

まとまった処理を表現する時には， を使うこともあります。

アルゴリズム（プログラム）は，次の3つの基本構造の組み合わせで表現できます。

・順次構造：順次に処理を実行する

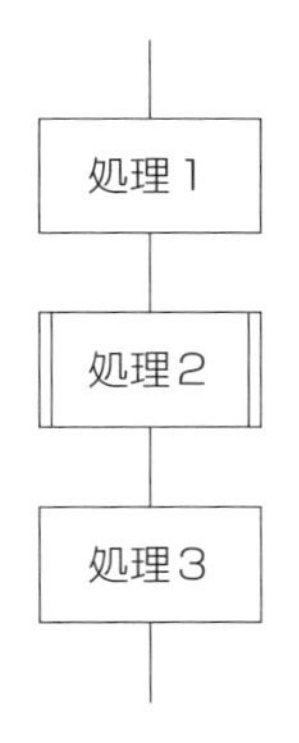

・分岐構造：条件により処理を選択する

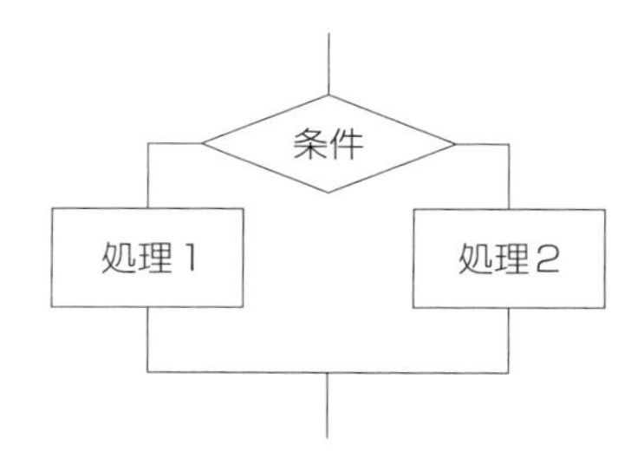

・繰り返し構造：特定の処理を繰り返し実行する

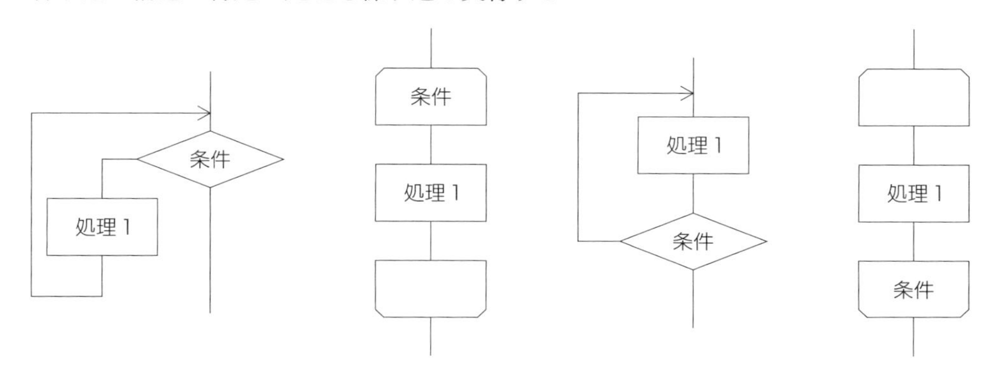

これら3つの基本構造によって，処理の流れを制御（順次処理，分岐処理，繰り返し処理）することができます。

3.4.2　変数とは

プログラムやアルゴリズムを書くときに，変数と呼ばれる一定期間データが割り当てられた固有の記号または名前を用いることがあります。一般に代入や入力などの命令によって，変数にデータを割り当てることができます。C言語などのプログラミング言語における代入文は，

n＝12

のように表記します。これは，値12を変数nに割り当てる命令文であり，これ以降は，nは12を意味することになります。また，代入文，

n＝n＋1

は，＝の右辺のnはnに割り当てられている値（12）を意味し，右辺はその値に1を加えた値（13）を意味します。代入文の実行結果としては，右辺の値（13）をあらたにnに割り当てることを意味します。

例えば，以下の4つの代入文

n＝12

n＝n＋1

m＝n

n = m + 2

を順次実行すると，4つの命令文の終了後の段階では，nには15が，mには13が割り当てられていることになります。

このように変数には何度も値を割り当てること（左辺に置く）が可能であり，何度も参照（右辺に置く）することも可能です。また，変数には，一時期に1つの値だけが割り当てられるため，以前に割り当てられていた値は消えてしまうことに注意しましょう。上記4命令が終了後には，最初に割り当てられていたnの値（12）は消えてしまうため，もしその値が必要であれば，別の変数名を用意してその値を割り当てておき，後に参照できるようにしなければなりません。

次の例を考えてみましょう。

n = 1

m = 2

が初期状態として与えられている時に，nとmに割り当てられている値を入れ替え，nに2，mに1が割り当てるようにする場合，どうすればよいでしょうか？

n = m

m = n

とすればよいでしょうか？　この場合，n，mともに2が割り当てられます。逆に，

m = n

n = m

とした場合，n，mともに1が割り当てられます。ここで，別の変数wを用いて，

w = n

n = m

m = w

とすることにより，nに2，mに1を割り当てることができます。この場合，wは入れ替えのための作業用の変数として使われることになります。

プログラムの動作は，状態の遷移としてモデル化されます。ここで「状態」とは，ある時点での変数の割り当ての様子であり，その変化を「遷移」と呼びます。

＊変数をコンピューターのメモリ（番地）に対応付けて説明して「値を入れておくための場所（箱）」と説明している書籍もあります。この場合，「状態」とはメモリ内の値であり，その遷移がプログラムの動作となります。

3.4.3　フローチャートの例

変数を使って，1から10までの和を求めるフローチャートを図3-3に示します。

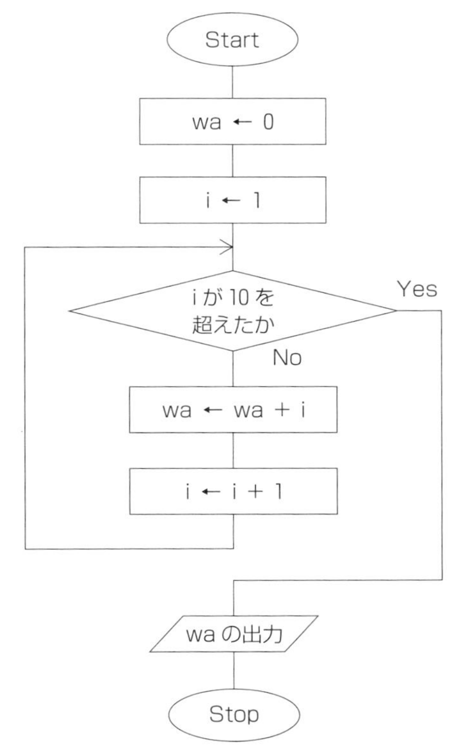

図3-3　1から10までの和を求めるフローチャート

どのような考えで図3-3のフローチャートができたのか，以下の例から考えてみましょう。

1から10までの合計値を求める問題を例に考えてみましょう。一般のプログラミング言語（例えば，C言語やBASIC）では，

wa = 1 + 2 + 3 + 4 + 5 + 6 + 7 + 8 + 9 + 10

と記述することができます。これは誤りではありませんが，1から1000までの合計値を求める場合に，「……」を用いて

wa = 1 + 2 + 3 + 4 + 5 + 6 + 7 + 8 + 9 + …… + 1000

のように省略した記述をすることはできません。プログラムには曖昧性を防ぐために「……」のような記述は認められておりませんので，+ 1000まですべてを記述しなければなりません。それは現実的ではありません。そこで，waに1から順次10まで足し込んでいく記述を行います。

wa = 0
wa = wa + 1

```
wa = wa + 2
wa = wa + 3
      ⋮
wa = wa + 10
```

これで，waには1～10までの合計値が割り当てられていることになります。しかしこのように10行も同じような命令を記述することも現実的ではありません。そこで，1～10に別の変数を割り当てて次のように考えます。

```
wa = 0
i = 1
iが10を超えない間，以下の2命令を繰り返す
    wa = wa + i
    i = i + 1
```

さらに，1から10の合計値を一般化してみましょう。初期値をn，終了値をmという変数に割り当てることとし，n～mまでの合計値をもとめるように一般化できます。すると，以下のように記述できます。

```
n = 1
m = 10
wa = 0
i = n
iがmを超えない間，以下の2命令を繰り返す
    wa = wa + i
    i = i + 1
```

このように，nとmに適当な値を設定（代入）することにより，nからmまでの合計値を求める手順が書けるようになります。これで，手順が汎用的（一般化）になりました。

これが，手順の抽象化となるわけです。このように，コンピューターで処理することを考慮して手順を考えることが，計算論的思考の一部と考えられます。

3.5 プログラミングの例

3.5.1 プログラミング例1

前述の例「1から10までの和を求める」を使って，プログラムを設計してみましょう。

(1) 実世界の問題を吟味し抽象化する

(1-1)　2通りの方略を考えてみましょう。

方略1：数列の和を求める公式に則って(1+10) × 10 ÷ 2を計算する方法

方略2：ある変数に，1から10を順次足し込んでいく方法

(1-2)　一般化

次に1〜10に固定せずに，任意の数値にも対応可能にすることを検討し，問題を一般化してみましょう。その結果「2つの数値n，m (n < m) が与えられた時，nからmまでの和を求める」となります。入出力と方略は以下の通りです。

入力：2つの数値n，m

出力：nからmまでの和

方略1：数列の和を求める公式に則って(n + m)×(m − n + 1)÷ 2を計算する方法

方略2：ある変数waに，nからmを順次足し込んでいく方法

以下，方略2について詳しくみていきます。

(2) モデル化

(2-1)　情報のモデル化

初期値をn，終了値をm，nからmまでの和をwaとする

(2-2)　手順のモデル化

以下のように手順を書き出してみます。

```
n，mの入力
wa ←  0
wa ←  wa + n
wa ←  wa + (n + 1)
wa ←  wa + (n + 2)
        ⋮
wa ←  wa + m
waの出力
```

ここから繰り返し（一般化して同じ動作として表現できる）部分を見つけ出します。今回の場合，n～mまでの値をwaへ足し込んでいくところが繰り返し部分となり，次のように書き直すことができます。

n，mの入力
wa ← 0
iをnからmまで以下を繰り返す
　　wa ← wa＋i

(2-3) フローチャートによる表現

上記の手順をフローチャートで書くと図3-4のようになります。

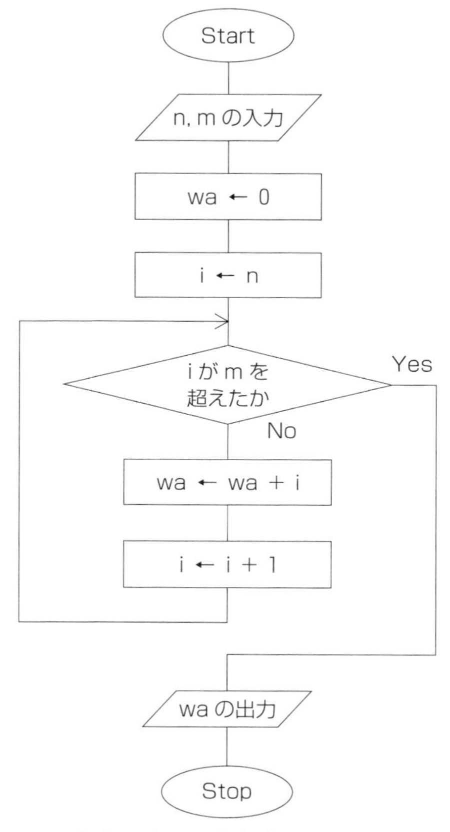

図3-4 nからmまでの和を求めるフローチャート

このフローチャートをC言語のプログラムコードで書くと次のようになります。

```
#include <stdio.h>
int main ( ) {
```

```
  int wa, n, m, i;     // 変数宣言

  scanf ("%d %d", &n, &m);     // 初期値nと終了値mに値を入力する

  wa = 0;     // 合計値を足し込む変数waを0に初期化する
  for (i = n; i <= m; i = i + 1)     // 変数waにnからmまでの値を足し込む
    wa = wa + i;

  printf ("%d ～ %dの和 = %d ¥n", n, m, wa);     // 変数n，m，waの値を印字する
}
```

3.5.2 プログラミング例2

「正四角形を書く手順」を考えてみましょう。正四角形は，直線を描いた後に90度向きを変えてさらに直線を描くことを考えれば，以下のような手順が書けます。

サンプル1：
- ペンを下ろす
- 上方向に向きをセットする
- 10cm線を引く
- 右向きに90度方向を変える
- 10cm線を引く
- 右向きに90度方向を変える
- 10cm線を引く
- 右向きに90度方向を変える
- 10cm線を引く

この手順に従い，Scratchを用いてプログラミングした例を図3-5に示します。

次に，サンプル1の手順から繰り返し（一般化して同じ表現ができる）部分を抽出し手順を書き直します。

サンプル2：
- ペンを下ろす
- 上方向に向きをセットする
- 以下を4回繰り返す
  - ―10cm線を引く
  - ―右向きに90度方向を変える

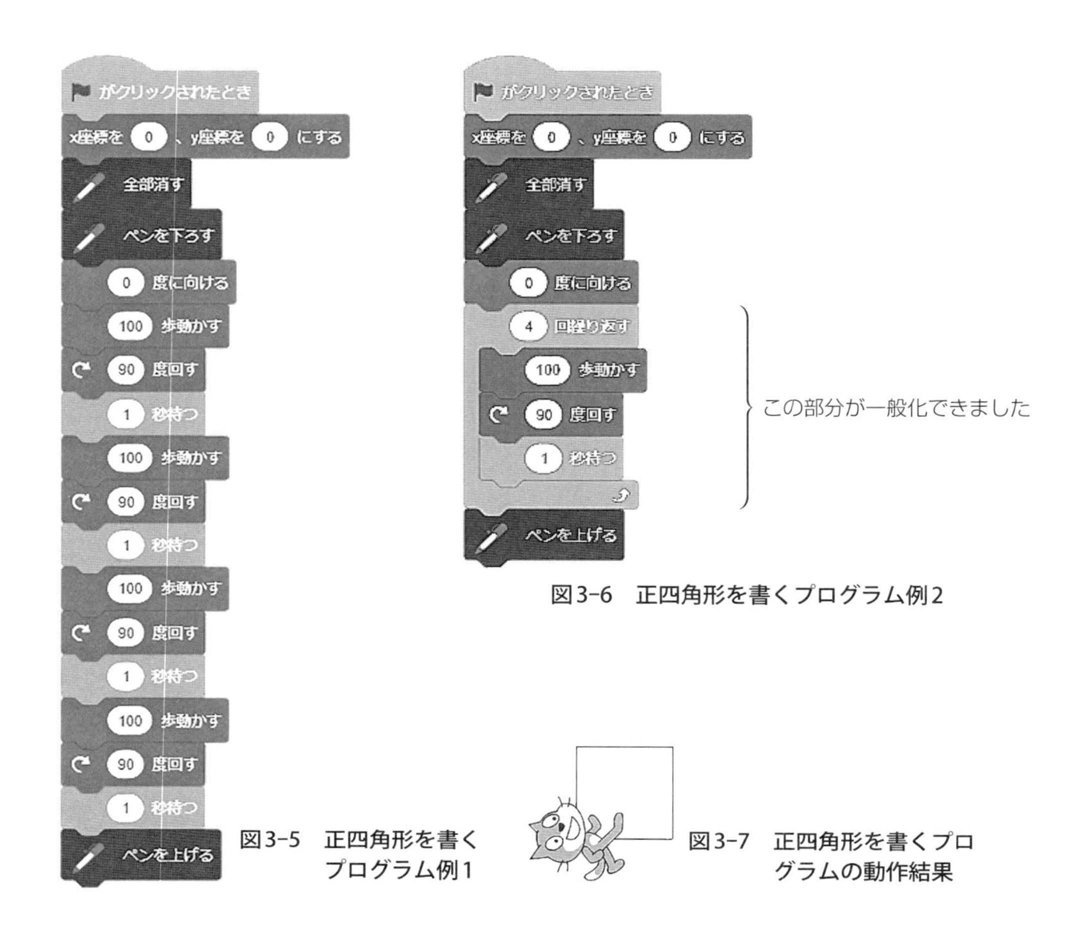

図3-5　正四角形を書くプログラム例1

図3-6　正四角形を書くプログラム例2

図3-7　正四角形を書くプログラムの動作結果

この手順に従い，Scratchを用いてプログラミングした例を図3-6に示します。図3-7は図3-6のプログラムを実行した結果です。このように，手順に繰り返し構造が入りました。

さらに一般化して，正四角形を正n角形にしてみましょう。正四角形の場合，線を描いた後に90度向きを変えましたが，正n角形の場合には何度向きを変えれば良いでしょうか？

正n角形の外角の和は360度ですので，それをnで割った角度分だけ向きを変えれば良いわけです。以下のような手順になります。

サンプル3：
- n角形の数を入力し，それをnとする
- ペンを下ろす
- 上方向に向きをセットする
- 以下をn回繰り返す
  - —10cm線を引く
  - —右向きに（360÷n）度方向を変える

この手順に従い，Scratchを用いてプログラミングした例を図3-8に示します。図3-9は図3-8のプログラムを実行した結果です。

図3-8　正n角形を書くプログラム例

図3-9　正四角形を書くプログラムの動作結果

参考文献

[1]　Alfred V. Aho, Jeffrey D. Ullman, “Principles of Computer Design,” Daaison-Ewsley, 1977.（翻訳：土井範久，コンパイラ，培風館，1986.）

[2]　黒川利明，“プログラミング言語の仕組み”，朝倉書店，2003.

[3]　Jeannette M. Wing, “Computational Thinking,” Communications of the ACM, Cil.49, No.3, pp.33-35, 2006.（翻訳：中島秀之，“計算論的思考”，情報処理，Vol.56, No.6, pp.584-587, 2015.）

[4]　太田剛，森本容介，加藤浩，“諸外国のプログラミング教育を含む情報教育カリキュラムに関する調査 ―英国，オーストラリア，米国を中心として―”，日本教育工学会論文誌 40 (3)，197-208，2016.

[5]　Computing At School (CAS), “CAS Computing Progression Pathways KS1 (Y1) to KS3 (Y9) by topic,” http://community.computingatschool.org.uk/ resources/1692 ［アクセス日：2019年1月10日］

[6]　文部科学省平成26 年度・情報教育指導力向上支援事業“諸外国におけるプログラミング教育に関する調査研究報告書”，大日本印刷，2015，http://jouhouka.mext.go.jp/school/programming_syogaikoku/programming_syogaikoku.html ［アクセス日：2019年1月10日］

[7]　英国Computingの教科書 “Computer Coding Made Easy,” Carol Vorderman , 2014.

[8]　英国Computingの指導書 “100 COMPUTING LESSONS 2014 CURRICULUM 1-2 Years Plan and teach the 2014 Curriculum,” Scholastic, 2014.

[9]　英国Computingの指導書 “100 COMPUTING LESSONS 2014 CURRICULUM 3-4 Years Plan and teach the 2014 Curriculum,” Scholastic, 2014.

[10]　ニクラウス・ヴィルト，“アルゴリズム＋データ構造＝プログラム”，日本コンピューター協会，1979.

第4章　Scratchによるプログラミング

本章では，実際の環境を用いてプログラミングを行います。

ブロックを組み合わせていく等，視覚的な操作でプログラムを作成していくことができる言語を「ビジュアルプログラミング言語」と言います。文部科学省が提供している「プログラミン」[1]，VISCUIT（ビスケット）[2]，Google Blockly[3]，Scratch[4]など数多くの言語が開発されています。この中から，本書ではScratchを取り上げます。

Scratchはアメリカのマサチューセッツ工科大学（MIT）メディア・ラボで開発されたプログラミング環境[4]です。あらかじめ用意されたブロックを組み合わせることでプログラミングができます。無償で利用可能で，WindowsやMacなどで動作します。ゲーム，アニメーション，アプリケーションなどを世界中の人と作品（プログラム）を共有・改造しあうことができます。Scratch2.0からはWebブラウザで作成，実行させることができるようになりました。つまり，インストールをする必要はなく，インターネットに接続可能なPCでWebブラウザがあれば利用することができます[5]。本書ではScratch3.0を用います（Windows版のGoogle Chromeで動作確認をしています）。図4-1はScratchのトップ画面です（画面は2019年1月10日現在のものです）。

図4-1　Scratchのサイトのトップ画面

（出所）https://scratch.mit.edu/

4.1 Scratchの動かし方

ではScratchを使ってみましょう。以下の手順を行ってください。

(1) Scratchのサイトへ

Webブラウザでスクラッチのサイト（https://scratch.mit.edu/）に行きます。すると図4-1の画面が表示されます。

(2) プログラムの作成

プログラムを作る場合には，図4-1のページ上部にある「作る」を選びます。すると，図4-2の画面に切り替わります。

図4-2　Scratchのプログラム作成画面

作った作品を共有したい場合にはアカウントを作成します。トップページ上部の「Scratchに参加しよう」でユーザ登録をします。

作った作品を共有しない場合にはアカウントを作成せずに利用することもできます（「ファイル」メニューの「コンピュータに保存する」で，自分のコンピューターに作ったプログラムを保存することができます）。

Scratchの画面構成を説明します（図4-3）。画面を構成する部分の名称は[6]を参考にしています。

図4-3　Scratchの画面構成

①スプライトリスト

プログラムで使いたいスプライト（プログラムして動かしたいもの）を用意します。

②ステージ

作成したプログラムを動作させる場所のことをいいます。

③ブロックパレット

スプライトに対するプログラムを構成する命令が並んでいる場所です。

種類ごとに色分けがされています (図4-4)。

④コードブロック

スプライトへの命令が書かれたブロックです。ブロックをつなげてプログラムを作ります。

⑤コードエリア

プログラムを作成する場所です。コードブロックをドラッグしてこのエリア内で組み合わせます。組み合わせは，実行させたい順番にブロックをつなぎ合わせることにより行います。

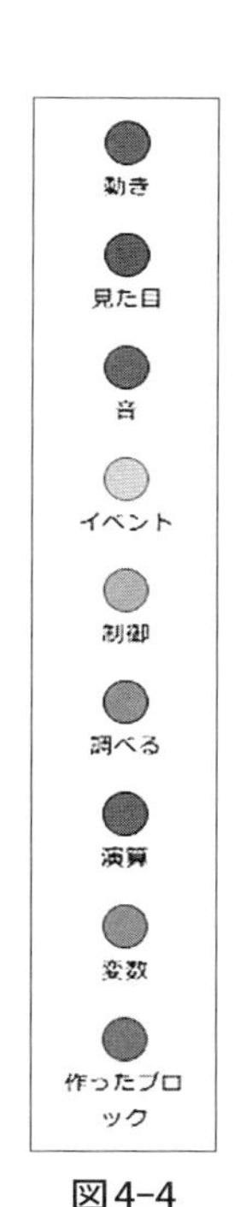

図4-4
コードの種類

ブロックには図4-4にあげる9種類があります。

・動き　　：スプライトの動きを制御するためのブロックが含まれています[7]。

・見た目　：スプライトやステージの見た目を制御するブロックが含まれています[7]。

・音　　　：音とMIDI機能を制御するブロックが含まれています[7]。

・イベント：スクリプト実行のきっかけ（トリガー）となるイベントを検知するために使用されるブロックが含まれています[7]。

・制御　　：スクリプトの制御に使用されるブロックが含まれています[7]。

・調べる　：プロジェクトのさまざまな要素について調べるためのブロックがこのカテゴリに含まれています[7]。

・演算　　：プログラムで数式を使いたい場合や，文字列を扱いたい場合に利用するブロックが含まれています[7]。

・変数　　：変数に数値や文字列を保存して，プログラムで利用するために使われます[7]。

・作ったブロック：ブロックをつくる時に使用します[7]。

スプライトリストからプログラムを記述する対象のスプライトを選択します（図4-5）。

図4-5　スプライトの選択

プログラムの実行は緑色の旗のボタンをクリックして開始します。そのため，プログラムの先頭に，「イベント」にある がクリックされたとき を選び，コードエリアにドラッグアンドドロップして貼り付けます（図4-6）。

プログラムを終了させるときには緑色の旗のとなりにある赤いボタンを押します。

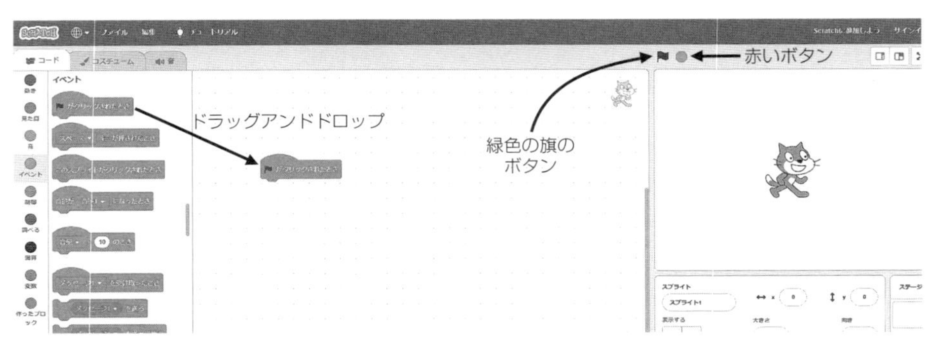

図4-6　プログラムの作成方法

4.2　変数

プログラムに必要な変数（第3章参照）を定義するためには「変数」を選択し，「変数を作る」を選択し，変数の名前を入力して，OKボタンを押します。図4-7では「さんすう」という変数を作成しています。

図4-7　変数の作成方法

4.3　順次処理

例題：キャラクタに「こんにちは！」と言わせるプログラムを作成してみましょう。

手順を以下に示します。

(1)「作る」を選択します（図4-1参照）

(2)「イベント」にある がクリックされたとき を選び，コードエリアにドラッグアンドドロップして貼り付けます。

(3)「見た目」にある こんにちは! と 2 秒言う を選び，コードエリアにドラッグアンドドロップして貼り付け， がクリックされたとき の下にくっつけます（図4-8参照）。

図4-8　キャラクタに「こんにちは！」と言わせるプログラム例

ある命令ブロックを外すときは下のブロックを下に引くと離れます。あるブロックを削除したいときは，ブロックパレットに戻します。

実行させるときは 🏴 をクリックします（図4-9参照）。

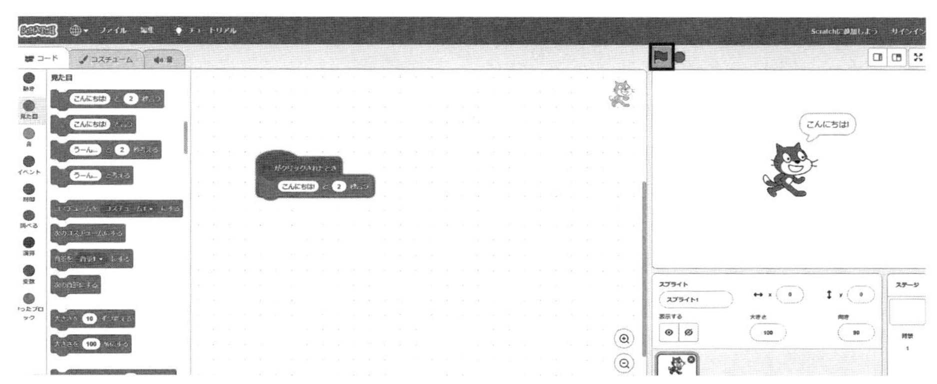

図4-9　プログラムの実行のさせ方

4.4　条件分岐処理

例題：ある変数に正の整数を設定し，その数が奇数だったらキャラクタに「奇数だよ」と答えさせ，偶数だったら「偶数だよ」と答えさせるプログラムを作成してみましょう。

考え方

ある数が奇数か偶数かで答えさせる内容が変わるので，条件分岐処理を使います。

ある数が奇数か偶数かを判断しなければなりませんが，皆さん，どう考えますか？

そうですね。偶数は2で割り切れる数で，奇数は2で割り切れない数ですね。数を2で割った余りが0かどうかで判断すればよいのです。さらに，奇数か偶数かを判定する対象の数を変数に設定することも行います。

プログラム作成手順

では，手順を以下に示します。

(1)「作る」を選択します(図4-1参照)

(2)「イベント」にある がクリックされたとき を選び，コードエリアにドラッグアンドドロップして貼り付けます。

(3)「かず」という名前の変数を使うことにします。「変数」を選択し，「変数を作る」を選択し，変数名に「かず」と入力して，OKボタンを押します。

(4) 変数「かず」に数値を設定するために，「変数」を選択し， かず を 0 にする をコードエリアにドラッグアンドドロップして貼り付け， がクリックされたとき の下につなぎます(今回は変数を1つしか定義していないので問題ありませんが，変数を複数定義した場合には，それぞれの場所で使用する変数を選択してください)。そして「～にする」のところに奇偶を判定したい数を設定(半角の数字で) します。

(5) 条件分岐の設定をします。「制御」から もし なら でなければ を選び，コードエリアにドラッグアンドドロップして貼り付けます。そして かず を 0 にする の下にくっつけます。

(6) 条件を記述します。(5) のブロックの「もし～なら」の「～」のところで条件を記述します。前述したように，ある数の奇偶の判定は，その数を2で割った余りが0かどうかで判断すればよいのです。それを表現するために，まず「演算」から ( ) = 50 を選び，「もし～なら」の「～」のところにはめ込みます。次に，「その数を2で割った余りが0かどうか」を表現します。そのためには ( ) = 50 の左側の○の中に「その数を2で割った余り」を表現し，右側の○の中を半角の0に変更します。「その数(変数「かず」)を2で割った余り」の表現には，「演算」の ( ) を ( ) で割った余り を使います。 ( ) = 0 の左側の○の中にドラッグアンドドロップしてはめこんで下さい。そして ( ) を ( ) で割った余り の1つ目の○には変数「かず」をドラッグアンドドロップではめこみ，2つ目の○には，数字 2 を入力します。変数「かず」を1つ目の○にはめ込むときには，○がハイライトされていることを確認して下さい。また，この○に「かず」と入力してもScratchは変数とみなさないので，この点も注意しましょう。

(7) 条件が成り立った場合，その数は偶数なので「見た目」から こんにちは! と 2 秒言う をドラッグアンドドロップしてはめこみ，「こんにちは！」の文字を「偶数だよ」と書き換えます。そうでない場合は，つまり奇数の場合ですから，同様に，「見た目」から こんにちは! と 2 秒言う をドラッグアンドドロップしてはめこみ，「こんにちは！」の文字を「奇数だよ」と書き換えます。これでプログラムは完成です(図4-10)。

がクリックされたとき
かず ▾ を 10003 にする
もし かず を 2 で割った余り = 0 なら
偶数だよ と 2 秒言う
でなければ
奇数だよ と 2 秒言う

図4-10 条件分岐処理をもつプログラム (奇偶判定)

では，プログラムを実行してみましょう。

変数「かず」を10003 にして緑色の旗をクリックして実行してみると，ステージにいるキャラクターが正しく「奇数だよ」と答えてくれています (図4-11)。

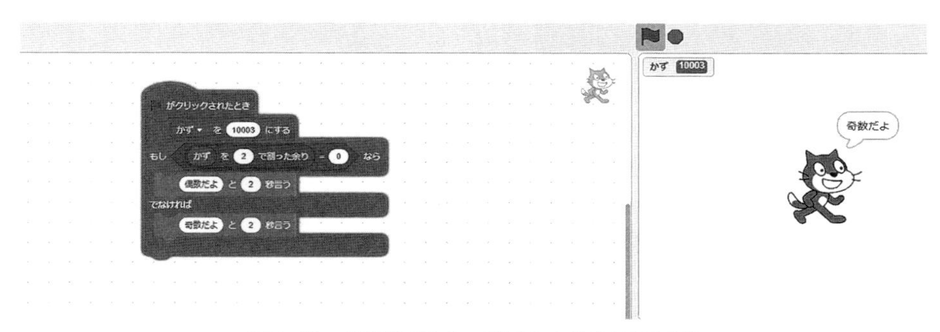

図4-11 奇偶判定プログラムの実行画面 (1)

変数「かず」を10000に変えて実行してみると，正しく「偶数だよ」と答えてくれています (図4-12)。

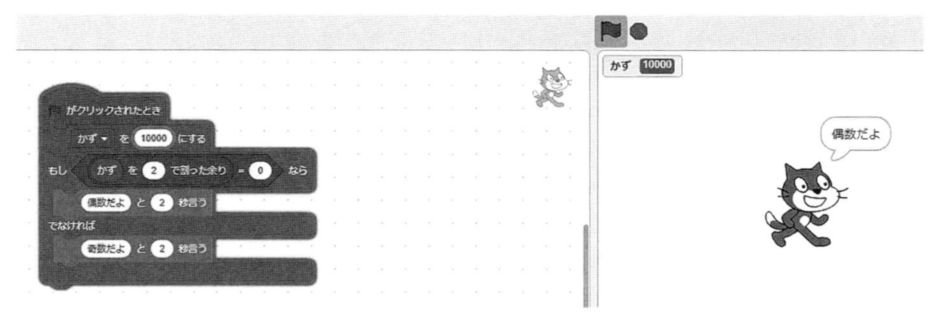

図4-12 奇偶判定プログラムの実行画面 (2)

4.5 繰り返し処理

例題：キャラクタに数を1から100まで順番に言わせるプログラムを作成してみましょう。

考え方

数を表す変数を準備して，その数をはじめ1に設定して，その数を言わせたら，数を1増やして，また言わせるという処理を数が100になるまで繰り返すようにすればよいのです。

プログラム作成手順

手順を以下に示します。

(1)「作る」を選択します（図4-1参照）

(2)「イベント」にある [がクリックされたとき] を選び，コードエリアにドラッグアンドドロップして貼り付けます。

(3)「変数」で「変数を作る」を選び，「かず」という変数を作ります。

(4) 変数「かず」の最初の数字を1に設定します [かず を 1 にする]。そして，[がクリックされたとき] の下につなぎます。

(5)「制御」にある [まで繰り返す] を選び，コードエリアにドラッグアンドドロップして貼り付け，[かず を 1 にする] の下につなぎます。

(6)「〜まで繰り返す」のところの条件を設定します。1〜100までは繰り返させたいので，「かず」が100を超えるまで繰り返すようにすればよいと考えます。「演算」から [○ > 50] を選択し，「◆ まで繰り返す」の ◆ へはめこみます。そのうえで [○ > 50] の1つ目の○に変数「かず」をドラッグアンドドロップしてはめ込みます。2つ目の㊿に半角の数字100を入力します。

(7) 繰り返しの中で，いまの数（変数「かず」の値）を言わせたのち，[かず を 1 ずつ変える] により，変数「かず」の値を1ずつ増やすようにします。

できあがったプログラムと実行結果を図4-13に示します。

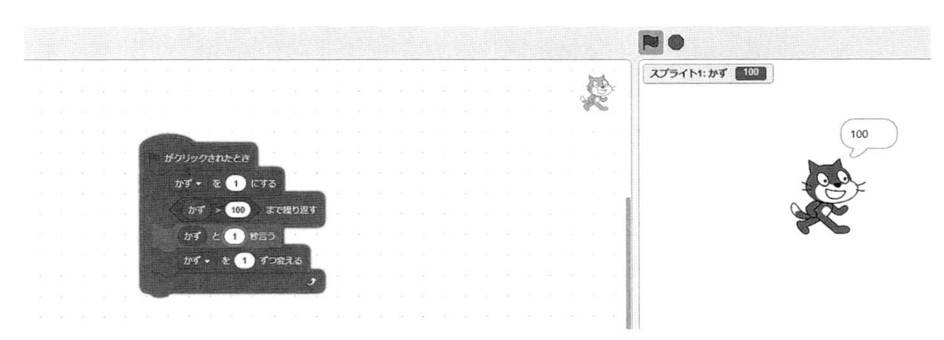

図4-13　1から100までの数を答えさせるプログラムの実行画面

4.6 練習問題

本章の最後に練習問題を出題しますので，チャレンジしてみましょう。

1. 割り算を，引き算の繰り返しによるプログラムとして実現してみよう。12個のりんごを一人あたり3個配るとしたら，何人に配ることができるか（包含除）をScratchでプログラムを作成し，実行し，結果を確認しなさい。

2. 父の年齢が37歳，長男の年齢が4歳，次男の年齢が1歳です。父の年齢が兄弟の年齢の和の2倍になるのは何年後かをScratchでプログラムを作成し，実行し，結果を確認しなさい。

3. つるとかめがあわせて8います。つるとかめの足の数はあわせて20です。つるとかめがそれぞれいくついるかを求めるプログラムをScratchで作成し，実行し，結果を確認しなさい。

参考文献

[1] http://www.mext.go.jp/programin/［アクセス日：2019年1月10日］.
[2] https://www.viscuit.com/［アクセス日：2019年1月10日］.
[3] https://developers.google.com/blockly/［アクセス日：2019年1月10日］.
[4] Scratch, https://scratch.mit.edu/［アクセス日：2019年1月10日］.
[5] 中植正剛，太田和志，鴨谷真知子，Scratchで学ぶプログラミングとアルゴリズムの基本，日経BP，2015.
[6] RYUAN，動画でわかるプログラミング！Scratch3.0入門，BNN，2018.
[7] https://ja.scratch-wiki.info/wiki/%E3%83%96%E3%83%AD%E3%83%83%E3%82%AF［アクセス日：2019年1月10日］.

練習問題の解答例

1.

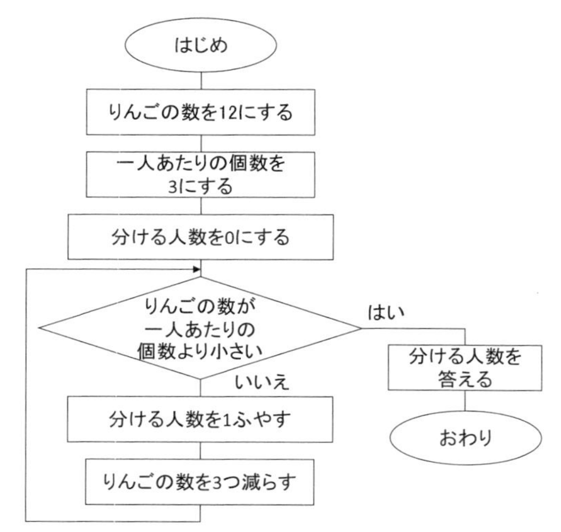

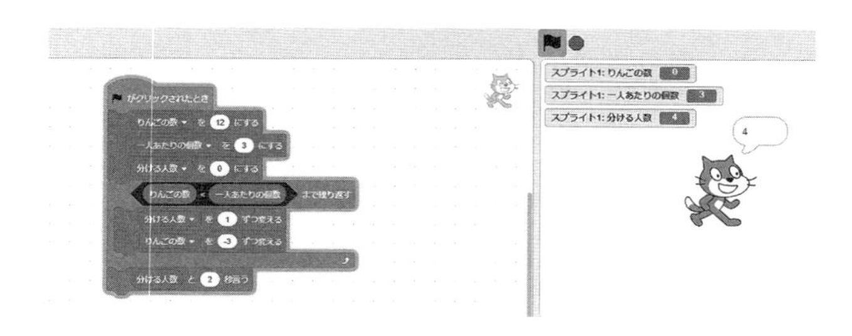

2.

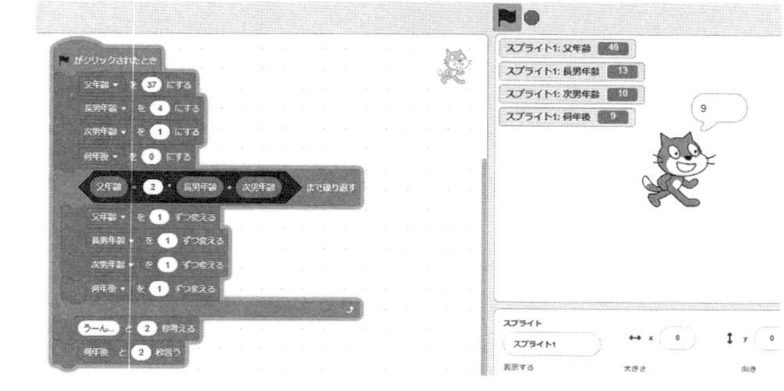

3.

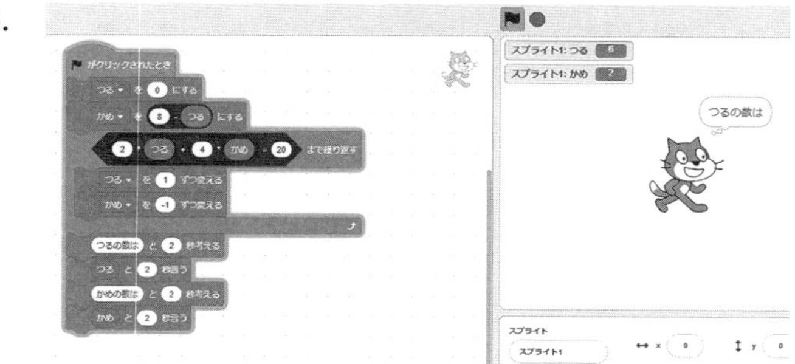

第5章　BASICによるプログラミング

本章では，前章で用いた「ビジュアルプログラミング言語」に対して「汎用プログラミング言語」とも呼ばれる，コンピューターへの指示を文字列で記述するプログラミングを行います。汎用プログラミング言語には，3章でも取り上げていたC言語をはじめとして，Python，Java，JavaScriptなど数多くの種類があります。本書ではその中からBASICを，その中でも小学校におけるプログラミング教育の教材としても製品化されているIchigo-Jam* BASICを用います。

BASICは1964年にアメリカのダートマス大学で開発されたものが，さまざまな形で普及していったプログラミング言語です。1980年代のパソコンの多くにはBASICが搭載され，パソコンの電源を入れるとBASICのプログラミング環境が起動し，コンピューターを使うことイコールBASICを使うことでした。

IchigoJamは，2014年に株式会社jig.jpの福野氏によって開発された，手のひらにのせられる大きさのプログラミング専用こどもパソコンで，電源を入れるとIchigoJam BASICが起動し，すぐにプログラミングを行うことができます。IchigoJamには，部品を組み立てるところから始めるキットから，組み立てが終わっているもの（図5-1 (1)）までさまざまな形態のものが販売されています。また，IchigoJam BASICが搭載されたIchigoDake（図5-1 (2)）とともに用いるキーボードやモニタがセットになったIchigoIgaiスクールセット（図5-1 (3)）もあります。

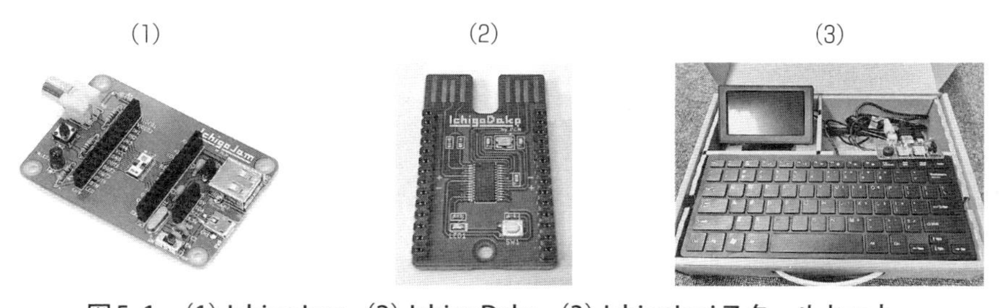

図5-1　(1) IchigoJam，(2) IchigoDake，(3) IchigoIgaiスクールセット

＊ IchigoJamはjig.jpの登録商標です。

5.1 IchigoJam BASICの使い方

IchigoJam BASICを使うには，IchigoJamにキーボードとモニタと電源アダプタを繋ぎ，電源スイッチをONにします。または，IchigoDakeをIchigoIgaiに接続して電源スイッチをONにします。すると，モニタ上に起動画面が表示されます。キーボードのキーを押すと，押したキーに従って文字がモニタに表示されます。

また，IchigoJam BASICは，Microsoft WindowsやMac OS上で動作するアプリケーションソフトウェアやwebブラウザでアクセスできるIchigoJam webで用いることもできます。（IchigoJam web：http://fukuno.jig.jp/app/IchigoJam/）

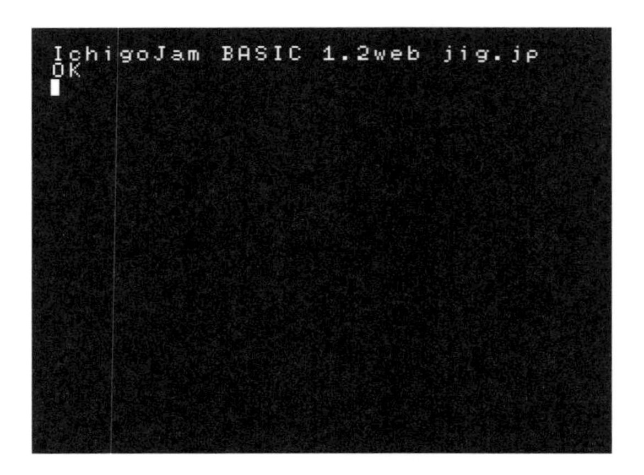

では，簡単な操作をしながら，IchigoJam BASICによるプログラミングを体験していきましょう。まず，キーボードから `CLS` を入力*した後，Enterキー（Returnキー）を押してみましょう。すると画面上に表示されている文字がすべて消えて，左上に `OK` とだけ表示されます。これがCLSコマンドを実行した結果です。このようにキーボードから文字を入力しEnterを押すことで，入力した文字列が示す操作をIchigoJamに指示できます。

ところで，画面が消えずに `Syntax error` と表示されてしまってはいないでしょうか？

```
IchigoJam BASIC 1.2web jig.jp
OK
ABCCLS
Syntax error
```

* IchigoJam BASICでは，アルファベットの大文字と小文字は区別されません。例えばCLSとclsは同じです。多くのキーボードではキーに大文字が刻印されているため，子供が分かりやすいようにIchigoJamでは大文字が基本となっています。そこで，本章では，プログラムに関する表記は大文字に統一しています。

Enterキーを押したとき，カーソル（点滅する白い四角）がある行に表示されている文字列すべてが操作を指示する文字列と解釈されます。先ほどの起動を確認するときにキーを押した場合，**CLS** の前に余計な文字が表示されていたかもしれません。その状態でEnterキーを押すと，**CLS** の前にその余計な文字がくっついた指示となり，そのような指示はわからないですよということでエラーメッセージが表示されます。Enterキーを押すときには，カーソルのある行に余計な文字が表示されていないかに気をつけてください。

他の指示をしてみましょう。

PRINT 5+3 [ENTER]

とキーボードから入力してみてください。［ENTER］は最後にEnterキーを押すという意味です。画面上に **8** が表示されたと思います。

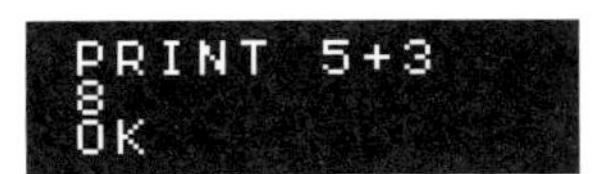

PRINTは，**PRINT 値** と書くことで値の部分を画面に表示するコマンドです。今回はPRINTの後に5+3とあります。BASICではこの5+3のような記述を式と呼び，式が実行されると，式が評価されて値を出力します。式5+3は皆さんがよく知っている算術式とそっくりですね。BASICでも数が+などの算術演算子で接続された式は算術式と同じように評価（計算）されます。よって式5+3は5と3を足した値である8を出力し，画面上には **8** が表示されます。なお，**PRINT 5+3** のようなコンピューターに実行してもらいたい指示を表す一連の文字列を文と呼びます。PRINTコマンドを用いたこの文 **PRINT 5+3** はPRINT文と呼びます。

次に，

10 PRINT 5+3 [ENTER]

と入力してみてください。今度はなにも表示されませんね。では，

RUN [ENTER]

と入力してみてください。すると **8** と表示されます。続いて

5 PRINT 3−2 [ENTER]

RUN [ENTER]

と入力してみてください。すると **1** と **8** が表示されます。なぜ，このような動きをするのでしょうか。

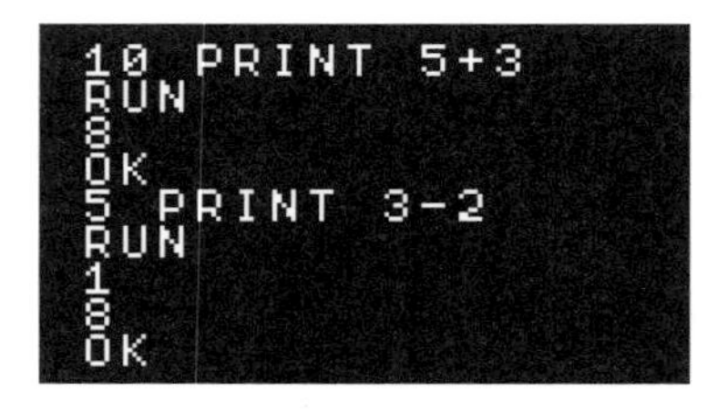

実は，今，あなたはプログラミングをしたのです。

`LIST [ENTER]`

と入力してください。次のように表示されます。

`LIST` と `OK` の間に，先ほど入力した5と10から始まる文が表示されています。これが，あなたが作ったプログラム（プログラムコード）です。LISTは記憶されているプログラムコードを表示するコマンドです。

BASICではEnterを押したときにカーソルがある行が数字で始まっていて，その後にスペース（空白）がある場合，その行がプログラムコードとして記憶されます。RUNは記憶されているプログラムコードを順次実行するコマンドです。プログラムコードが実行される順番は，入力した順番ではなく，先頭の数（行番号）の順番になります。そのため，先に入力した `PRINT 5+3` ではなく `PRINT 3−2` が先に実行され，1，8の順番で表示されたのです。

5.2 プログラミングしてみる

ここからは前章で作ったのと同じようなプログラムを作ってみましょう。

5.2.1 奇偶判定

例題：ある変数に正の整数を設定し，その数が奇数だったら「KISUU」と表示し，偶数だったら「GUSUU」と表示するプログラムを作成してみましょう。

作るプログラムの流れは，変数に正の整数を設定し，その数が奇数か偶数であるかを調べ，その結果によって，`KISUU` と表示するか，`GUSUU` と表示するかに分岐させるのでしたね。

新しいプログラムを作るときには，

NEW [ENTER]

と入力します。NEWは記憶されているプログラムコードをすべて消すコマンドです。NEWコマンドを実行した後にLISTコマンドを実行してもなにも表示されません。先ほど入力したプログラムコードが消えていることがわかります。

まずは変数に正の整数を設定してみましょう。変数名はK，設定する数は10001とします。IchigoJam BASICでは，変数名にはアルファベット1文字，つまりAからZまでをつけることができます。大文字と小文字は区別されません。変数への数の設定は **変数名=数** で行えます。=は普通は等しいことを示す等号記号ですが，BASICでは代入演算子と呼ばれ，=の右側の値を左側の変数に設定（代入）します。この文（代入文と呼びます）をプログラムコードとして入力するには，先頭に行番号をつけて

100 K=10001 [ENTER]

と入力します。行番号はどのような数でも良いのですが，実行されるときには，この数が小さい順に実行されることに注意する必要があります。

次に奇数か偶数を判定し分岐させます。BASICで条件に従って分岐するときには，IF文を使います。IF文は **IF 条件式 THEN 実行文1 ELSE 実行文2** と書きます。条件式が成り立つときに実行文1が実行され，成り立たないときに実行文2が実行されます。

条件式はどうすればよいでしょうか。条件は奇数か偶数かの判定なので，「偶数である」という条件式にしてみましょう。偶数である条件は，その数を2で割ったときに割り切れる，つまり余りが0に等しいときです。2で割り切れることを，BASICで表現できる2で割ったときの余りが0であるに置き換えるところがプログラミングの肝です。プログラミング的思考の一部分と言って良いでしょう。

等しいかどうかの条件式を作るには等号演算子（==）を使います。条件式 **数1==数2** は，数1と数2が等しければこの条件式は成り立つ，等しくなければ成り立たないという結果を出力します。また，BASICで余りを求めるには剰余演算子（%）を使います。式 **数1%数2** は，数1を数2で割ったときの余りが出力されます。もちろん，数1，数2のところには数が代入されている変数を書くこともできます。なので，今回の条件式は **K%2==0** となります。

画面に文字列を表示したい場合は，PRINTの後に表示したい文字列をダブルクォーテーション(”) で囲みます。ここまで説明したことを合わせて偶数か奇数かによって表示を変える文は `IF K%2==0 THEN PRINT "GUSUU" ELSE PRINT "KISUU"` となります。この文は，先ほどの変数に代入する文よりも後に実行させたいので，行番号は100より大きいものとします。BASICでは10おき，100おきに番号をつけることが多いので，今回は110番としましょう。

これでプログラムは完成です。RUNコマンドを入力してプログラムを実行してみましょう。`KISUU` と表示されたでしょうか。

```
LIST
100 K=10001
110 IF K%2==0 THEN PRINT "GUSUU"
 ELSE PRINT "KISUU"
OK
RUN
KISUU
OK
```

5.2.2 倍数表示

例題：1から100までの数のうち2と3の倍数を表示するプログラムを作成してみましょう。

考え方

まず1から100までを数える（表示する）プログラムを考え，表示するときに2の倍数か3の倍数であるかを調べ，表示するかしないかを判断するようにします。

1から100までを表示する一番簡単な方法は，`PRINT 1`，`PRINT 2`，と順次表示する文を書くことですが，それだと100行も書く必要があります。ここで変数と繰り返し文を使うととても簡潔に書くことができます。BASICで繰り返し文は,

```
FOR 変数=初期値 TO 終了値 STEP 増分値
処理文
NEXT
```

と書きます。変数に初期値が代入された後，処理文が実行され，変数に増分値が足され，再び処理文が実行され，ということを，変数が終了値を超えるまで繰り返されます。よって，1から100までを表示するプログラムコードは次のようになります。増分が1の時はSTEP増分値は省略できます。

```
100 FOR I=1 TO 100
110 PRINT I
120 NEXT
```

次に表示する時に2の倍数と3の倍数かを調べて，倍数である時だけ数字を表示するようにします。これは先ほど使ったIF文を使います。2の倍数である時に表示するようにするには，2の倍数である条件式は偶数であることを判定する条件式と同じで `I%2==0` なので，110行を次のように変更します。なお，2の倍数でない時にはなにもしなくて良いのでELSE以降は省略します。

```
110 IF I%2==0 THEN PRINT I
```

次に3の倍数の時にも表示するようにします。3の倍数である条件式は2の倍数を参考にすればすぐにわかりますね。3で割った時の余りが0の時です。そこで次のプログラムコードを追加してみます。

```
115 IF I%3==0 THEN PRINT I
```

RUNコマンドを入力してプログラムを実行するとおかしいことがわかると思います。そう，2の倍数で3の倍数でもある時，例えば6の時，両方の条件式に当てはまってしまって，その数が2回表示されてしまっています。このようにならないようにする必要がありますね。

意図した通りに2の倍数と3の倍数の時に表示するには，「2の倍数の時に表示し，2の倍数ではなく3の倍数の時に表示する」とするか，「2の倍数または3の倍数のときに表示する」とするかの二通りがあります（図5-2）。それぞれプログラムコードは次のようになります。後者で出てくるORは，「または」を表す論理演算子で，2つの条件式のどちらかが成り立っていれば全体として成り立っているとする条件式を作れます。

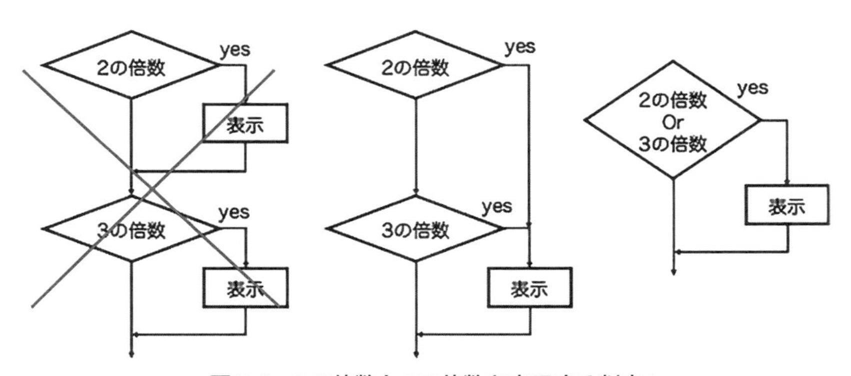

図5-2　2の倍数と3の倍数を表示する判定

```
110 IF I%2==0 THEN PRINT I ELSE
IF I%3==0 THEN PRINT I
```

```
110 IF I%2==0 OR I%3==0 THEN PRI
NT I
```

なお，115行目は必要なくなるので，

```
115
```

と入力して行番号115の行を削除します。最後にLISTコマンドを入力しプログラム全体を見て，RUNコマンドを入力して実行を確認して，終わりにしましょう。

```
LIST
100 FOR I=1 TO 100
110 IF I%2==0 OR I%3==0 THEN PRI
NT I
120 NEXT
OK
```

5.3 ゲームを作ってみる

BASICによるプログラミングの基礎がわかったと思いますので，ここでは簡単なゲームを作ってみたいと思います。作るゲームは，小惑星にぶつからないように宇宙船を操作するというものです。私がプログラミングを始めた中学生の頃に毎日毎日作っていたプログラムです（ゲームイメージ：http://bit.ly/SpaceProgramming）。

5.3.1 宇宙船を表示する

まず宇宙船を画面の中央あたりに表示します。任意の場所に文字を表示したい場合はLOCATE文を使います。`LOCATE X座標, Y座標` は，カーソル（白い点滅する四角）をその座標（X,Y）に移動させます。その後にPRINT文を実行すると，そのカーソルの場所から表示が始まります。画面の座標系は左上が原点（0,0），右方向がX軸（0〜31），下方向がY軸（0〜23）です。

宇宙船をHで表すことにすると，画面の中央あたりに表示するプログラムは次のようになります。プログラムの先頭にCLS文を入れて，最初に画面をすべて消しています。

```
10 CLS
100 LOCATE 15,15
110 PRINT "H"
```

このプログラムを実行すると画面は次のようになります。

5.3.2 小惑星を表示する

次に，小惑星の中を宇宙船が進んでいるような表現を作ります。この時，宇宙船は見かけ上同じ場所に位置するようにし，小惑星の方が上から下に流れてくるようにします。この表現のためにスクロールを利用します。一番上に小惑星を表示して，それを下にずらし，また一番上に小惑星を表示して，再び下にずらすということを繰り返して，小惑星が上から下に流れていく表現を作り上げます。

まず，一番上に小惑星を一つ表示します。小惑星は＊で表現することにしましょう。この時，いつも異なる場所に小惑星を表示する必要がありますね。そのためには，その場所のX座標を毎回変えていく必要があります。このような時にはRNDコマンドを使います。**RND（最大数）** は0から最大数までの数をランダムに出力します。X座標は0から31までの値をとるので，一番上の適当な場所に小惑星を表示するプログラムコードは次のようになります。

```
200 LOCATE RND(32),0
210 PRINT "*"
```

次に，表示した小惑星を一つ下に下げるには，画面全体をずらすSCROLL文を使います。**SCROLL 2** が画面全体を一行下に下げるSCROLL文になります。一つ下にずらした後，再び一行目に小惑星を表示するためには，再度プログラムの200行目を実行する必要があります。プログラムは行番号が小さい方から大きい方に向かって順番に実行されることを説明しましたが，その流れから外れて実行する行を変える場合にはGOTO文を使います。**GOTO 行番号** は，行番号行目に実行する行が変更になります。

```
220 SCROLL 2
700 GOTO 200
```

ここまでのプログラムを実行すると次のようになります。

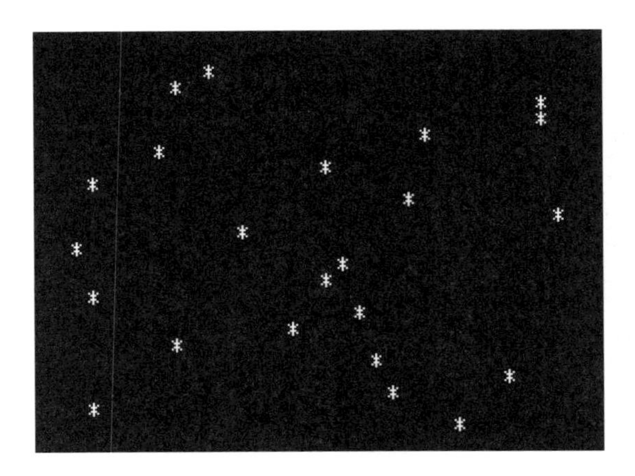

小惑星が流れているように見えますか？　あれ，でも宇宙船がいなくなっちゃいましたね。SCROLL文は画面全体をずらすので，宇宙船も下にずれて行って消えてしまったのです。これを直すためには，スクロールした後に，再度宇宙船を表示すれば良いので，GOTO文の飛び先を200行目ではなく，宇宙船を表示している100行目にします。

700 GOTO 100 [ENTER]

と入力してください。同じ行番号で入力を行うと，その番号の行が差し替えになります。

実行した時の様子は次のようになります。

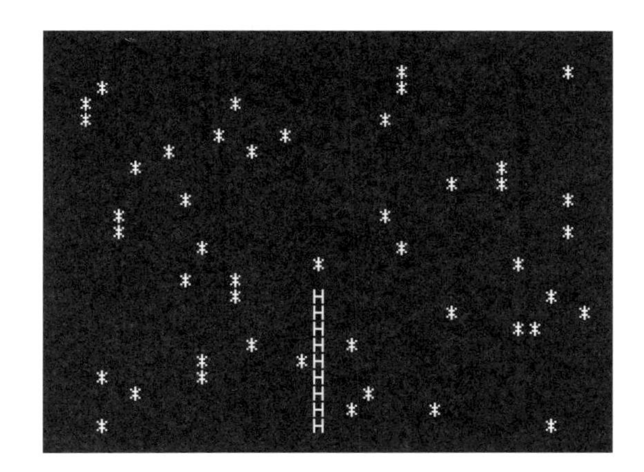

今度は宇宙船が下にずらーっと表示されてしまいます。私は軌跡のようで格好良いと思うのですが，嫌な方はどのようにプログラムを変えれば良いか考えてみてください。

5.3.3 宇宙船を動かす

次は宇宙船を移動できるようにしてみます。移動はカーソルキーを使って，左キーを押したら左に移動，右キーを押したら右に移動できるようにしてみます。

宇宙船は100行目と110行目で，常に座標が（15,15）の場所に表示しています。左右に移動できるようにするためには，その時に応じてX座標を表しているLOCATE文の一つ目の数を変える必要があります。左キーが押されたら一つ左側の14に，右キーが押されたら一つ右側の16にとX座標を1減らしたり増やしたりします。もちろん，キーを押す時にX座標が14だったら，左キーが押されたら13に，右キーが押されたら15にする必要があります。

このようなことをしたいときには変数を使うとうまくいきます。変数に宇宙船のX座標を入れることにしておけば，左キーが押されたら変数の中身を1減らし，右キーが押されれば1増やすことで，上記のようなことができます。変数名をMとして100行目を書き換えてみます。また，Mに初期値として15を代入する文を最初に入れておきます。これで，変数Mの値が変われば宇宙船の表示位置が変わることになります。

```
20 M=15
100 LOCATE M,15
```

キーが押されているかどうかはBTNコマンドで調べることができます。右キーが押されている時は `BTN(RIGHT)` が，左キーが押された時は `BTN(LEFT)` が1になります。押されていない時は0です。もしも左キーが押されたら，宇宙船のX座標を1減らせばよいので，条件式を BTN(LEFT) ==1 としたIF文を作ればできそうです。X座標を1減らすには，Mから1引いた値をMに代入するので M=M−1 となります。右キーの場合も同様にすれば良いのでプログラムコードは次のようになります。

```
300 IF BTN(LEFT)==1 THEN M=M-1
310 IF BTN(RIGHT)==1 THEN M=M+1
```

これで，左右のカーソルキーを押すと宇宙船が左右に移動するようになります。300行目でなくても，例えば120行目のところでも良さそうですが，300行目に入れた理由は後で書きます。

5.3.4　衝突判定をする

さぁ，最後に宇宙船が小惑星にぶつかったらゲームを終わりにする処理を入れます。

小惑星が宇宙船にぶつかったということは，宇宙船を表示している場所（M,15）に小惑星がきたということになります。画面上の座標が（X,Y）の場所に表示されているものは SCR（X座標,Y座標） で調べることができます。SCRコマンドが出力する値は文字のコードポイントです。コードポイントとはすべての文字に一意につけられた番号です。ある文字のコードポイントはASCコマンドを用いて ASC（"文字"） で得られます。これらを使うと，もしも（M,15）の位置に＊が表示されていたらGAMEOVERを表示するというプログラムコードは次のようになります。

```
230 IF SCR(M,15)==ASC("*") THEN
PRINT "GAMEOVER"
```

ここで，先ほどの宇宙船を動かすためのプログラムコードを300行目に入れた理由を説明します。もし，120行目に入れると，宇宙船のX座標のMの値が120行目が実行された時に変更されます。その後に，この230行目が実行されると，実際に宇宙船が表示されているところとは違う場所に小惑星があるかどうかを判定してしまいます。そこで，宇宙船の表示位置を変える処理はこの判定の後，再度100行目で宇宙船を再表示する直前となる300行目が適切ということになります。

では，実行してみてください。確かにぶつかるとGAMEOVERと表示されますが，終わりませんね。これは230行目の実行が終わった後，300行目の実行に移ってしまうからです。そこで，GAMEOVERを表示するプログラムコードをプログラムの最後部に置いて，衝突したら，その最後部に移す形に変更したいと思います。

```
230 IF SCR(M,15)==ASC("*") THEN
GOTO 900

900 LOCATE 10,15
910 PRINT "GAMEOVER"
```

実行して小惑星を避けきれず衝突すると，次のような画面になります。これで完成です。ゲームとして物足りなかったら，どうしたらもっと面白くなるかを考えて，拡張してみましょう。

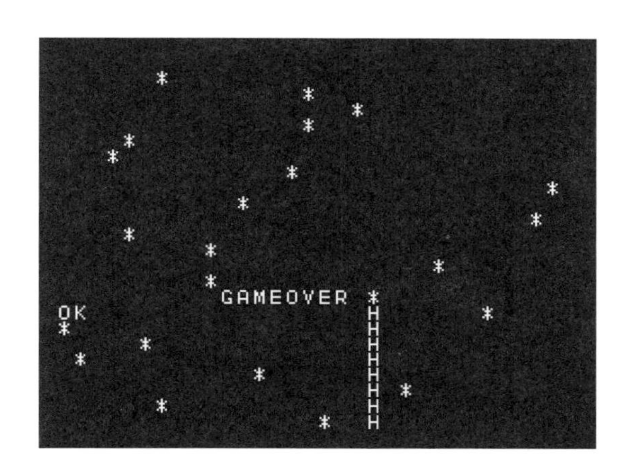

5.4 イルミネーションを作ってみる

次に，小学校でのプログラミング教育の授業を少し意識してイルミネーションを作るプログラミングをしてみたいと思います。ここではIchigoDakeと，IchigoDakeにつなげることができるLEDが4個ついた前原1号を使ってみます（図5-3）。IchigoDakeに前原1号をくっつけ，IchigoIgaiと接続し，プログラミングをすることになります。

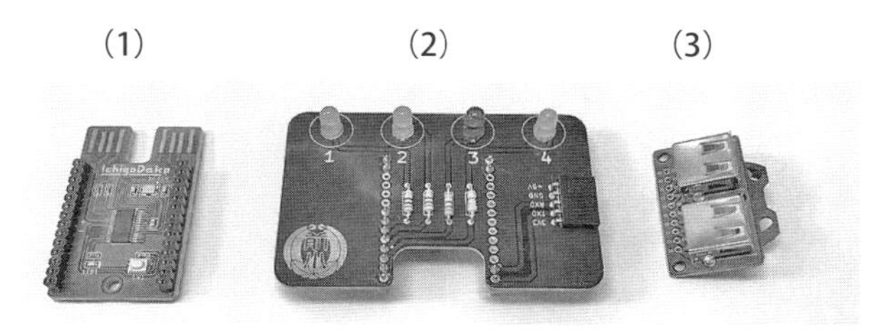

図5-3　(1) IchigoDake，(2) 前原1号，(3) DakeCap

この前原1号についているLEDを思うように点灯消灯させるプログラムを作ります。例えば，生活の「冬をたのしもう」や図工に結びつけたプログラミング教育として実施するのはいかがでしょうか。低学年でBASICが難しい場合はブロックプログラミングに似たプログラミング環境もあるのでそちらを使うと良いでしょう。高学年ではつまらないのでは？と思われるかもしれませんが，綺麗なイルミネーションをデザインするのはかなり難しいですし，複雑な動きをするプログラムも結構高度なものになりますので，6年生でも十分楽しめるものになると思います。

ではプログラミング開始です。イルミネーションはずっと点灯させておく，つまりプログラムをずっと繰り返して動かしておく必要がありますよね。まず最初にその部分を作っておきます。次のプログラムコードを入力してください。

```
10 @LOOP
1000 GOTO @LOOP
```

10行目はラベルと言って，その行にLOOPという名前をつけています。そして1000行目のGOTO文の行き先をそのラベルにしています。これはGOTO 10と同じ意味になります。これで，このプログラムを実行すると，意図的に止めなければ永遠に10行と1000行の間に書かれたプログラムコードが実行され続けます。

では，緑のLEDを点けて，少ししたら消してと，点滅をさせてみたいと思います。緑のLEDをつけるにはOUT文を使って，`OUT1,1` とします。逆に消すには `OUT1,0` とします。1つ目の1はLEDの番号で1が緑，2が黄色，3が赤，4が白です。2つ目の1と0は，1が点灯，0が消灯になります。よって，点けて消しては次のようになります。

```
100 OUT 1,1
110 OUT 1,0
```

でも，実行するとなんかダメですね。なぜだかわかりますか？　そう，点けてから消すまでが早すぎるのです。点けた直後に消して，その直後に点けてを繰り返しているので，思ったような点滅になりません。そこで，LEDを点けた後と，消した後に少し時間をおきたいと思います。そのような時にはWAIT文を使います。`WAIT 数` で数の分だけプログラムコードの実行がそこで止まります。数の単位は1/60秒なので，60とすれば1秒，30とすれば0.5秒止まります。次のプログラムコードを入れることで，うまく点滅するようになるはずです。

```
105 WAIT 30
115 WAIT 30
```

ここで，キーボードなどに繋がったままではイルミネーションとして役に立ちませんので，IchigoDakeと前原2号をIchigoIgaiから離して動かしたいと思います。まず作ったプログラムをSAVEコマンドで保存します。

```
SAVE 0 [ENTER]
```

と入力してください。その後，IchigoIgaiから外したIchigoDakeにDakeCapを差し込みます。この時IchigoDakeの起動ボタンを押しながら差し込む必要があります。DakeCapを差し込み，ボタンを離すと，プログラムが実行され，LEDの点滅が始まります。

では，次のプログラムはどのようなイルミネーションになると思いますか？

ここで，`OUT 1,1: WAIT 60` は

```
100 OUT 1,1
105 WAIT 60
```

のように2行に渡って書いていた文を1行にまとめて書いたものです．文と文の間に:（コロン）を入れることで，1行に複数の文を書くことができます。

```
10 @LOOP
100 OUT 1,1: WAIT 60
110 OUT 2,1: WAIT 60
120 OUT 3,1: WAIT 60
130 OUT 4,1: WAIT 60
200 OUT 1,0: OUT 2,0: OUT 3,0: OUT 4,0
300 FOR I=0 TO 3
310 OUT 1,1: OUT 2,1: OUT 3,1: OUT 4,1: WAIT 30
320 OUT 1,0: OUT 2,0: OUT 3,0: OUT 4,0: WAIT 30
330 NEXT
1000 GOTO @LOOP
```

緑，黄，赤，白が順について，全部が同時に消えた後，全部が同時に3回点滅します。綺麗でしょ？　プログラムとしては長いだけであまり複雑ではありませんが，イルミネーションをこのように制御できることを知り，実際に自分で作ってみるのも意義ある体験だと思います。

5.5 ロボットを動かしてみる

本章の最後に，もう一つだけ小学校でのプログラミング教育の授業を意識して，ロボットを動かすプログラミングをしてみたいと思います。ロボットプログラミングは教科には

結び付けづらいですが，プログラミングの結果が実物の動きとして表現されるため，とてもわかりやすく，かつ興味をそそる題材です。総合的な学習の時間にロボットに関するテーマを設定したり，生活におけるおもちゃ遊びにからめたりして，取り組むと良いと思います。

ここではタミヤ製のカムプログラムロボットに基盤を搭載し，IchigoDakeで制御できるようにしたもの（図5-4）を使ってみます。プログラミングはIchigoDakeとIchigoIgaiを接続して行います。

図5-4　カムプログラムロボット

カムプログラムロボットを動かすには，イルミネーションでLEDを点灯させたりしたのと同じOUT文を用います。左右の前輪の回転をOUT文で制御できます。`OUT1` で左前輪を前回転，`OUT32` で右前輪を前回転，`OUT2` で左前輪を後回転，`OUT16` で右前輪を後回転になります。前に直進させたい場合は，左右の前輪を前回転させれば良いので，`OUT1` と `OUT32` を実行します。この時，両方の数字を足した `OUT33` で左右の前輪を前回転させることができます。同様に後に直進させたい場合は `OUT18`，右回転させたい場合は `OUT17`，左回転させたい場合は `OUT34` となります。

これらのOUT文を実行すると，その動作がずっと続きます。つまり `OUT33` を実行すると，前に直進し続けます。それを止めるには `OUT 0` を実行します。もちろんLEDの点滅と同じように，`OUT33: OUT0` としてしまうと，動いてすぐ止まるという動作になってしまうので，間にWAIT文を入れることになります。

1秒前進して1秒止まるという動きを繰り返すプログラムは次のようになります。

```
10 OUT33: WAIT60
20 OUT0: WAIT60
30 GOTO 10
```

プログラムコードを入力したら，イルミネーションの時と同じように，

`SAVE 0 [ENTER]`

とSAVEコマンドを実行してから，IchigoDakeをカムプログラムロボットに差し込みます。そして，IchigoDakeの起動ボタンを押しながら，カムプログラムロボットの電源を入れると，プログラムが実行されます。

動かし方がわかったら図5-5のようなコースを作ってカムロボットをコース通りに動かしてみましょう。左折するためには，左に90度曲がるというコマンドがないため，左回転させる `OUT34` を実行した後，どのくらい待てば良いのかを試行錯誤する必要があります。これは，使えるコマンド（記号）が異なると解き方が変わる例です。ぜひ，右に90度曲がるというコマンドがあるプログラミング言語とともに体験して，この点を実感して欲しいです。

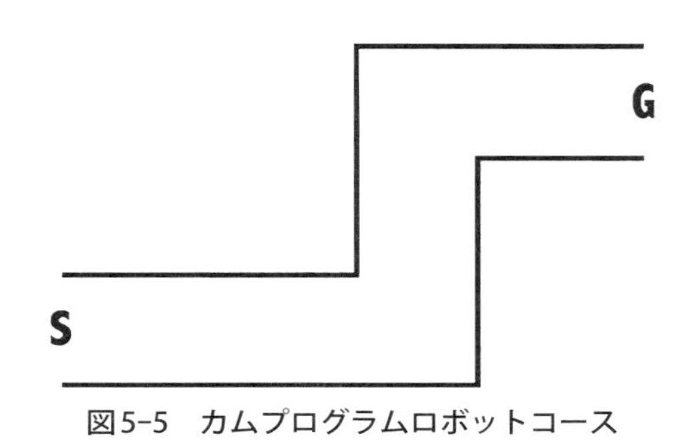

図5-5　カムプログラムロボットコース

なお，カムプログラムロボットには，各種センサを取り付けられますので，障害物を避けるロボットや，ライントレースロボットなどをプログラミングで作ることもできます。

第6章　プログラミング教育の実践

本章では，これまでの章で述べられてきた小学校におけるプログラミング教育の取り扱いとの関係を整理しながら，各教科等で実際に行われたプログラミング教育の実践事例（学習指導案）を紹介します。そして，プログラミング教育の授業デザインや実践が行えるようになることを目的としています。

6.1　小学校学習指導要領と小学校学習指導要領解説におけるプログラミング教育の取り扱いについて

2.2.2では小学校学習指導要領（平成29年3月告示）と各教科の小学校学習指導要領解説に掲載されている「プログラミング教育」に関する記述を紹介しました。これらの中では，「算数（第5学年　正多角形の作図）」，「理科（第6学年　電気の利用）」，「総合的な学習の時間（探究的な学習の過程）」に，プログラミング教育に関する例示が掲載されていますが，これらの教科・単元のみでプログラミング教育を実践すれば良いという考え方にならないことが大切であり，各教科等の特性に応じて，プログラミングを体験させる活動を取り扱うことが重要になります。

算数科におけるプログラミング教育の位置づけとして，数学的な思考力・判断力・表現力等を身に付ける活動の中で取り扱うことが重要です。そして，問題解決には，必要な手順があることに気付かせる指導が求められます。

理科におけるプログラミング教育の位置づけは，これまで学習してきた科学的概念を活用するものづくりの学習活動を通じて，プログラミングを体験しながら論理的思考力を身に付ける指導が重要です。そして，このような学習内容を経て，これまでの既習内容と関連させながら，新たな科学的概念を形成することもまた，期待できます。

総合的な学習の時間におけるプログラミング教育として重要なことは，探究的な学習の過程に適切に位置付くようにすることです。つまり，日常生活や世の中の課題を解決するために，プログラミングを活用した何らかのロボットを開発し，他者に紹介するなどの学習活動が求められます。

6.2 プログラミング教育の授業デザインに向けておさえておきたいこと

2.2.3では，「小学校プログラミング教育の手引（第二版）」（平成30年11月）に記載されているプログラミング教育の学習活動の分類を紹介しました。同手引きには，プログラミング教育の位置づけについて「プログラミング教育は，学習指導要領において『学習の基盤となる資質・能力』と位置付けられた『情報活用能力』の育成や情報手段（ICT）を『適切に活用した学習活動の充実』を進める中に適切に位置付けられる必要があります」と述べられています[1]。情報活用能力の資質・能力は，「身近な生活でコンピュータが活用されていることや問題の解決には必要な手順があることに気づくこと（知識及び技能）」，「自分が意図する一連の活動を実現するために，どのような動きの組合せが必要であり，一つ一つの動きに対応した記号を，どのように組み合わせたらいいのか，記号の組合せをどのように改善していけば，より意図した活動に近づくのか，といったことを論理的に考えていく力（思考力，判断力，表現力等）（プログラミング的思考）」，「コンピュータの動きを，よりよい人生や社会づくりに生かそうとする態度（学びに向かう力，人間性等）」の3つで構成されています。小学校プログラミング教育のねらいとして，これらの資質・能力を育成することが求められています。

しかしながら，各教科等でプログラミング教育を実施する場合は，各教科等の目的を達成することが第一です。各教科等の目標の達成を目指しつつ，かつ，小学校プログラミング教育の資質・能力を育成するための授業デザインを考えなければならない点が，教員にとって最も苦労するところです。次節では，プログラミング的思考についての考え方に着目し，各教科等の中でプログラミング的思考が含まれた授業デザインをどのように作成すればよいかについて，述べたいと思います。

6.3 プログラミング的思考の考え方

6.3.1 プログラミング的思考の定義

6.2で述べた情報活用能力に含まれている「思考力，判断力，表現力等」は，「プログラミング的思考」と言われています。武藤（2018）は，プログラミング的思考の定義を「具体的な思考」と「抽象的な思考」に分類しています（図6-1）[2]。「具体的な思考」の部分では，「目標設定（自分が意図する）」，「対象の明確化（一連の活動を実現するために）」「構成要素の把握（どのような動きの）」，「分析（組み合わせが必要であり）」の4つを定義し，4つの一連の流れが，授業の具体的なプログラミング的思考を伴う学習活動になることを示しています。これら4つの一連の流れは，従来の授業において各教科等で実践されている，「見

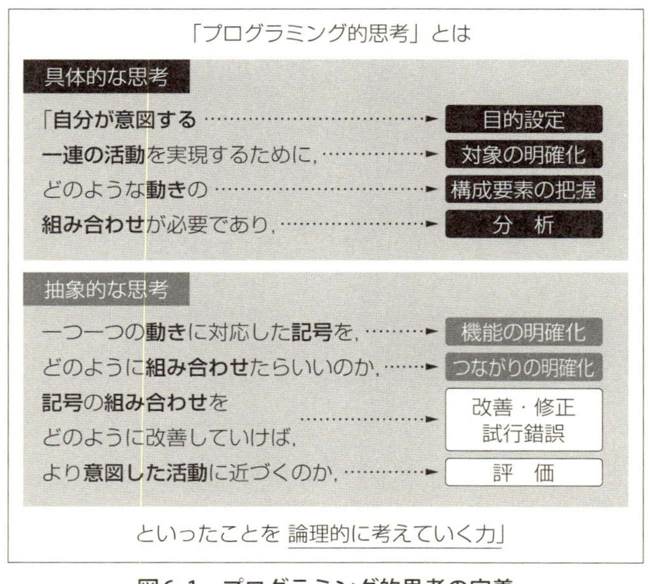

図6-1　プログラミング的思考の定義

(出所) 文献 [2] p.2

通しをもたせる」学習活動と似通っています。

一方,「抽象的な思考」の部分では,「機能の明確化 (一つひとつの動きに対応した記号を)」と,「つながりの明確化 (どのように組み合わせたらいいのか)」の2つの明確化を抽象的なプログラミング的思考を伴う学習活動として示しています。さらに,「改善・修正, 試行錯誤 (記号の組み合わせをどのように改善していけば)」,「評価 (より意図した活動に近づくのか)」を定義しています。従来の授業では, 時数の制約などの理由により,「改善・修正, 試行錯誤」や「評価」まで実現できないのが現状であると思います。小学校学習指導要領 (平成29年3月告示) の実施に向けて,「改善・修正, 試行錯誤」と「評価」をどのように授業で実践していくかが課題となっています。

6.3.2　計算論的思考力 (コンピュテーショナルシンキング) の概念

3.2では, 計算論的思考力 (コンピュテーショナルシンキング) の重要な概念 (「抽象化 (重要な部分は残し, 不要なものは削除すること)」,「デコンポジション (問題や事象を分解し分かりやすくすること)」,「アルゴリズム的思考 (明確な手順を示すこと)」,「評価 (手順などの解決方法が正しいか確認すること)」,「一般化 (パターンを見つけて問題解決に使用すること)」) を説明しています。初めてプログラミング教育の授業デザインを考える時, プログラミング的思考をどのように取り入れたらよいか分からず, 悩むと思います。また, 作成した授業デザインに, プログラミング的思考が取り入れられているかどうか, 判断がつかないと思います。このような状況に陥った時, これら5つの概念を (どれかひとつでも良いので) どこかの場面に取り入れたり, あるいは, 作成した授業デザインについて, 5つの概念のどれが含まれているかを改めて確認したりすることが第一歩として考えられます。

6.3.3　コンピューターを活用しないプログラミング教育 (アンプラグド) とコンピューターを活用したプログラミング教育 (プラグド)

プログラミング教育の実践は, コンピューターを活用しないプログラミング教育 (アンプラグド）とコンピューターを活用したプログラミング教育（プラグド）があります。教員が学習指導案（特に，本時の展開）を作成する仕事は，コンピューターを使わないプログラミング教育（プログラミング的思考を促す学習活動）を実践していることと同様と考えられます。なぜなら，スタート（導入）とゴール（まとめ）が明確であり，かつ，決められた教室環境，教材，時間（45分間）の条件下で，各教科等の目標を達成する手順を何度も練り直しながら作成していく一連の活動（つまり，プログラミング的思考）が伴うからです。

では実際に，コンピューターを活用しないプログラミング教育では，どのようにプログラミング的思考を促すような授業をデザインすればよいのでしょうか。例えば，低学年では，生活科や総合的な学習の時間に「ルビィのぼうけん」[3]の内容を取り扱いながら，プログラミング的思考を養う授業実践があります[4]。一方，図6-1に着目すると，「目標設定」→「対象の明確化」→「構成要素の把握」→「分析」の4つの流れが，具体的な思考として示しています。この学習の流れは，従前の授業では「見通しをもたせる」学習活動として，各教科等で日常的に行われていると思います。

初めてコンピューターを使わないプログラミング教育を実施する場合，従来の授業で行ってきた「見通しをもたせる」学習活動にプログラミング的思考を取り入れた授業を計画，実施することから始めると，プログラミング教育に対するイメージが理解しやすいかもしれません。その後，コンピューターを活用した試行錯誤の体験，教科等の資質・能力を高める体験，学習課題を解決するためにコンピューターを活用したプログラミングによる学習活動に展開していくと，プログラミング教育の指導が定着しやすいのではないかと考えます[5]。しかし，プログラミング的思考を考慮した「見通しをもたせる」学習活動でも，コンピューターを活用したプログラミング教育でも重要なことは，「スタート」と「ゴール（目標）」を明確にすることと，条件を明確にすることです。決められた条件の中で，ゴール（目標）に向かって問題解決する学習活動は，現代社会における問題解決の場面と同様です。各教科等の目標に応じて，問題解決の条件を教員がどのように設定するかが，プログラミング的思考を促す学習活動の鍵となるでしょう。

6.4 プログラミング教育の評価

プログラミング教育は，各教科等の資質・能力の向上を支援するための手段であることから，実際の小学校では，プログラミング教育がどれほど効果的に行われたかという評価よりも，プログラミング教育を導入して各教科等の資質・能力がどれほど向上したかという評価が行われることがほとんどです。しかしながら，各教科等の指導において，プログラミング教育の概念が正しく授業に取り入れられ，実践されたかどうかを評価することが重要です。

ベネッセ（2018）は，「第2版『プログラミングで育成する資質・能力の評価規準（試行版）』」を作成し，学年ごとに，学習指導要領（平成29年告示）の資質・能力の3つの柱（知識及び技能，思考力・判断力・表現力等，学びに向かう力・人間性等）とプログラミング教育を通じて目指す育成すべき資質・能力との関係に基づいた評価規準を公開しました[6]。この評価規準の特徴の一つとして，「思考力・判断力・表現力等」における目標は「論理的に考えを進める」，「動きに分ける」，「記号にする」，「一連の活動にする」，「組み合わせる」，「振り返る」の6つに分類し，それぞれの項目に基づいて，学年（低学年，中学年，高学年）に応じた目標を掲げていることが挙げられます。プログラミング的思考の捉え方として，図6-1の8つの定義，表3-1の5つの概念と，2通りの考え方を説明しましたが，上記の6つの分類もまた，プログラミング的思考の捉え方の一つとして考えられます。

プログラミング的思考の捉え方に，さまざまな解釈があることが，授業デザインの作成や評価を検討する際に頭を悩ます原因となりそうですが，各学校や子供たちの実態に合わせて，どのプログラミング的思考の捉え方を採用するか，まずは一つに定めることが重要です。

6.5 プログラミング的思考を促すプログラミング教育の実践事例

本章では，第2章で確認した表2-2のうち，A分類とB分類を中心に，かつ，「小学校を中心としたプログラミング教育ポータル」（https://miraino-manabi.jp/）には掲載されていない授業実践を紹介します。ここに取り上げる実践事例は，東京都の平成30・31年度プログラミング教育推進校（中央区立阪本小学校，荒川区立第二日暮里小学校，足立区立西新井小学校），および，東京都世田谷区のSTEM教育推進校の世田谷区立烏山小学校における成果の一部です。コンピューターを活用しないプログラミング教育（アンプラグド）の授業実践例を6つと，コンピューター（ビジュアルプログラミング言語）を活用したプログラミング教育の授業実践例を3つ紹介します。

6.5.1 コンピューターを活用しない（アンプラグド）授業実践例

（1）第1学年 生活（足立区立西新井小学校）

第1学年　生活科学習指導案

平成30年11月　1日（木）5校時

1年1組　男子16名　女子16名　計32名

授業者　　早田　めぐみ

第1学年　生活「　あきと　ともだちになろう　」

1　単元目標

■目標

○秋の自然物を探しながら季節の変化に気付くことができるようにするとともに，秋の自然物や身の回りの素材を利用しておもちゃや飾りを作ったり，遊びを工夫したりしながら，みんなで秋の遊びを楽しむことができる。

■プログラミング教育の視点

○集めた木の実を使って，おもちゃや遊びに使うものを作る活動を通して，問題の解決には必要な手順があることに気付くことができる。

2　単元の評価規準

知識及び技能	思考力・判断力・表現力等	学びに向かう力，人間性等
・諸感覚を使って，身近な自然を観察している。 ・身近な自然の様子や特徴に気付いている。 ・身近な自然や物を利用して遊べることに気付いている。	・木の実や葉っぱを基に，遊びを考えたり使ってみたい物を見付けたりしている。 ・遊びを工夫したり，友達と関わって遊んだりしたことを振り返り，自分なりの方法で表現している。	・木の実や葉っぱに関心をもち，進んで探したり拾ったりしようとしている。 ・木の実や葉っぱを使って，おもちゃや遊びを作ろうとしている。 ・友達と関わりながら，みんなで楽しく遊ぼうとしている。 ・友達と関わって遊ぶ楽しさ，友達の良さや自分との違いに気付いている。

3　単元について

・プログラミング教育について

本単元では，秋の自然物や身の回りの素材を生かしたおもちゃ作りを，手順を考えて行う。おもちゃを作るために必要な材料や道具を考え，整理し手順書を作成する。何を作りたいかを決め，プログラミング的思考に沿って，何をどのような順番で行えばいいかをデバッグする。そして，最終的に目標が達成できることが重要である。1年生という発達段階を踏まえて，予め教師が作業内容を書いたカードを用意しておき，それを児童が並び替える活動を通して自分の作りたいおもちゃができるようにする。これにより，児童が活動の流れを整理することができると考えた。また，友達の考えに触れることで，自分との違いに気付き，新しい思考を身に付けることができると考えた。

4　単元指導計画

時間	主な学習活動	プログラミング教育の視点に立った留意点
1	●秋の外の様子がどのように変わったかに関心をもち，遊びに行きたいという思いをもつ。	
2 3	●秋の校庭や西新井大師で諸感覚を使って，身近な自然を観察する。また，生き物や木の実を探したり，秋を感じながら遊んだりする。	

4	●見つけた木の実や葉の名前，特徴を調べ自然物のおもしろさや不思議さへの関心を高める。また，気付いたことを絵と文で表現する。	
5	●調べて分かったことや気付いたことを発表し，見付けた木の実や葉を色や形，大きさなどによって仲間分けしたり，比べたりする。	
6	●身近な自然物を利用して遊べることに気付き，木の実や葉っぱをもとに，作りたいものを考える。	
7 （本時）	●木の実を使ったおもちゃの作り方を考え，おもちゃ作りをする。また，作り方を振り返る。	○おもちゃを作るためには，いくつかの手順があることに気付かせる。 ○手順書を書けるようにする。 ○活動の手順を整理できるようにする。 ○作ったおもちゃで遊び，よりよい物を考えられるようにする。
8	●木の実や葉っぱを使って，おもちゃや遊びを作り，友達と関わりながら，みんなで楽しく遊ぶ。また，遊びを工夫して楽しむ。	
9	●遊びを工夫したり，友達と関わって遊んだりしたことを振り返り，楽しかったことや気付いたことを絵と文で表現する。	
10	●木の葉や木の実を使って遊んだ楽しさや身近な人に伝えたいという意欲を高め，「あきのおもちゃまつり」を開く計画について話し合う。	
11	●お店やコーナーに必要なものを考え，「あきのおもちゃまつり」の計画を立てる。	○まつりの流れを順序立てて考えられるようにする。
12	●「あきのおもちゃまつり」に必要なものを作る。	
13 14	●他のクラスの児童や近隣の園児を「あきのおもちゃまつり」に招待し，一緒に楽しむ。	
15	●「あきのおもちゃまつり」を振り返り，楽しかったことやうれしかったことを絵と文で表現する。	

5　本時について

■目標
　○必要な材料や道具を考え，集めた木の実を使ったおもちゃの作り方を決めることができる。
■プログラミング教育の視点
　○おもちゃを作るための手順書を作成し，一連の活動の手順を整理することができる。

	●主な学習活動	○支援　・留意点　☆生活科の評価（評価方法） ★プログラミング教育の視点に関わる評価（評価方法）
導入 (5)	●本時のめあてと学習の流れを確認する。 おもちゃのつくりかたをきめよう。	○前時までに作るおもちゃを決めておき，写真を提示して，視覚的に捉えやすくする。 ・工程をランダムに表示しておき，早く簡単に作る作り方に並べ替えるように指示する。 ・次時は違うおもちゃを作るために友達に作り方を教えることを伝え，目的意識をもたせる。

展開 (30)	●おもちゃを作るために必要な材料や道具と，作り方をペアで考え，手順書を作る。 ・けんだまを作るには，紙コップとひもと，どんぐりが必要だ。 ・紙コップには穴をあけて，ひもを通しているぞ。 ・穴をあけないと，ひもが通らない。 ・どっちからやると，簡単に作れるかな。 ●おもちゃを作る。 ・先にどんぐりにひもをつけてもいいかも。 ・どんぐりの向きが反対だ。 ・やじろべえが，上手に指に乗らないなぁ。どうしてだろう。 ・長さを変えてもう1回作ろう。 ・先に紙皿をはると，ひもがつけられないぞ。 ・工作用紙は切ってから折ったほうがいいね。 ●おもちゃの作り方をペアで見直し，作り方を決める。 ・作ってみたら，ここところが反対のほうが作りやすかったな。 ・考えた順番で簡単に作れたね。順番はこのままにしよう。	○作るための材料や道具はワークシートに丸をつけられるようにし，工程はカードにしておいて，並び変えられるようにする。 ○ペアで1つの実物を準備し，見て触って確認ができるようにする。 ○並び替えが難しい児童には，ヒントカードを渡し，視覚的に工程が分かるようにする。 ○材料コーナーを用意し，必要なものを選んで持っていくようにさせる。 ・失敗した場合は作り直してよいことを伝える。 ・順番を意識させる。 ○おもちゃを作った過程をペアで話しながら振り返るようにさせる。 ☆必要な材料や道具を考え，集めた木の実を使ったおもちゃの作り方を決めている。（観察・ワークシート） ★おもちゃを作るための手順書を作成し，一連の活動の手順を整理する。（ワークシート）
まとめ (10)	●本時の学習を振り返る。	○本時の学習で学んだことをワークシートに書かせ，手順を整理することのよさに気付かせる。 ・次時のおもちゃ作りへ向けて，意欲をもたせる。

6　板書計画

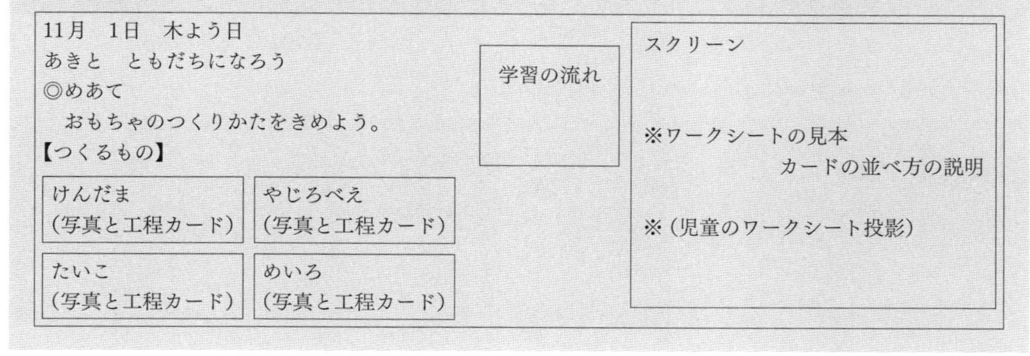

【本授業のポイント】

第1学年生活「あきと　ともだちになろう」の授業では，「秋の自然物や身の回りの素材を利用しておもちゃや飾りを作る」という生活の目標を達成するために，計算論的思考（表3-1）の概念の「アルゴリズム的思考」に着目した授業を行いました。はじめに，「こうさくようしをおる」などの4つの手順を表す付箋を，おもちゃづくりの前にワークシートに並べました。実際におもちゃを作る過程では，はじめに考えた手順では上手く工作ができず，手順を試行錯誤しながらおもちゃを完成させました。実際に体験しながら試行錯誤の学習活動は，生活が目指す体験活動だけでなく，プログラミング教育の視点であるデバッグ（プログラムの誤りを探して修正をすること）にも相当します。ワークシートの記述から「やっぱり，たけひごをさきにきったほうがよかったです」（図6-5）など，体験活動を通じて，はじめの手順を修正したほうが，より良い手順になることに気づいた児童が何人も存在することが分かりました。

「必要な材料や道具を考え，集めた木の実を使ったおもちゃの作り方を決めることができたか」という本時の目標について，ほとんどの児童が付箋を用いた手順が並べられていたことから，概ね達成できたと評価できました。本時の目標を評価するためには，学習活動の前後で児童の手順の変化や，学んだことが可視化できるようなワークシートなどを準備することが重要です。

図6-2 めあての確認　　図6-3 手順の決め方の説明

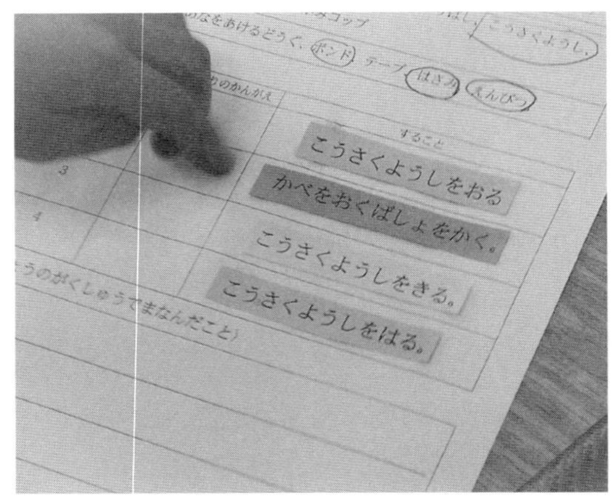

図6-4 手順の決定

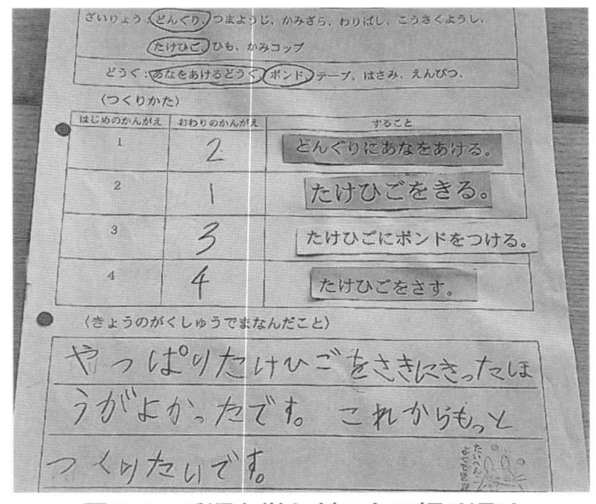

図6-5 手順と学んだことの振り返り

(2) 第1学年 生活 (中央区立阪本小学校)

第1学年　生活科学習指導案

日時　平成30年10月12日（金）第5校時
中央区立阪本小学校 第1学年1組　26名
授業者　大竹英理子
場所　1年1組教室

1　単元名「かぞく　にこにこ　だいさくせん」(9時間)

2　単元の目標
・家庭生活を支えている家族のことや自分でできることなどについて考え，家庭生活の中での自分の役割を積極的に果たそうとする。
・家庭生活やその中で育った自分自身のことを振り返り，家族の願いに気づき実践することができる。

3　単元の評価規準

ア　関心・意欲・態度	イ　思考・表現	ウ　気付き
○家族での生活に関心をもち，自分でできることをしようとしている。	○自分の役割を考え，仕事や団欒を工夫し，表現することができる。	○自分でできる仕事があることに気付いている。 ○家族で過ごす楽しさに気付いている。

4　単元について
学校生活にも慣れ，落ち着いて生活することができるようになる1年生のこの時期に，自分の生活を支えている家庭や家族に目を向けることで，児童一人一人がこれまでの自分の生活を振り返ることができる。自分自身や自分の生活を考えることは，これからの学校生活を楽しく豊かにしていくことにつながる。本内容は，家族一人一人のよさ，家庭の温かさや家族とともにいる喜びを実感し，その中で積極的に自分の役割を果たそうとする心情を培うために「家庭内の仕事」を体験する。
その実践をふまえた上で，身近にいる自分の家族について，調べたり，話を聞いたりする。あるいは共に家庭生活に必要な仕事を行ったり，手紙のやり取りを行ったりする。それらの活動を重ねることにより，家族一人一人のよさや家族で過ごす楽しみなど，広く家族や家庭生活を知ることが，家族の一員である自分の存在への気付きにつなげられるように指導していく。

5　プログラミング教育の視点

知識・技能	思考力，判断力，表現力等	学びに向かう力・人間性等
○上履きを洗うためには，必要な手順があることに気付く。	○上履きを洗うために，タワシでどこの汚れをこすり，どの順序にすれば改善して効率的な洗い方になるのかを論理的に考えることができる。	○論理的に考え作成した手順を，友達と話し合い，家族の一員として活動することを通して，身近な社会に役立とうとする態度をもつことができる。

○上履きの洗い方を考える活動を通して，正しい順序で手順を説明すること，手順を細かく分割することの重要性に気付く。

6　指導計画

	ねらい	●学習活動・児童の反応 ※家庭学習	○支援・留意点 ☆教科等の評価（評価方法） ★プログラミング教育の視点に関わる評価(評価方法)	◇ICTの活用形態 ◆プログラミング教育の視点に立った留意点
1	自分の1日の生活を思い出し，家族と過ごす楽しさに気付く。	●自分が1日の生活の中でしていることを思い出す。 ・自分の生活の中で，もっと家族のためにできることはないかな。 ・お父さん，お母さんの仕事は，家の中でどんな仕事をしているのかな。	○自分の生活を振り返らせ，自分にできる仕事をすることにより，家族の一員として役立つことに気付かせる。 ☆自分の生活を振り返り，家族のために役立とうとしている。（発言・ワークシート）	
2	上履き洗いが自分にもできることに気付く。	●週末に持ち帰る上履きを，自分にも洗えることに気付く。 ・自分で洗っている友達がいるんだね。 ・忙しい家族のためにやってみよう。 ・自分でできることは，自分でやろう。	○家族の一員として，上履きを洗えることに気付かせる。 ☆上履き洗いの仕方を考え，自分にもできることに気付いている。（発表）	◆「ルビィのぼうけん」を聞き，計画や手順について知る。 ◇「ルビィのぼうけん」の提示 使用者：①教員 場面：（一斉学習）A1.教員による教材の提示 ハード：電子黒板
3（本時）	上履き洗いの手順を見つける。	●上履き洗いの手順を見つける。 ・どんな順番でやると，上手にできるのかな。	○実践する手順を考え，説明できるようにさせる。 ☆上履きの洗い方を考え，自分にもできることに気付いている。(ワークシート) ★上履きを洗うためには，必要な手順があることに気付く。（ペアでの発言・手順の画像）	◇タブレットを使い，順番に画像を並び替える。 使用者：②児童 場面：（協働学習）C3.協働制作 ハード：タブレットPC（2人1台） ソフト：skymenu
4	上履き洗いを体験する。	●洗い方を思い出し，実際に自分の上履きを洗う。 ・実際にやってみると，つけたした方がよい方法があるね。 ・順番にやると，きれいになるね。 ・家でも，やってみよう。	○上履き洗い体験をする。 ☆意欲的に活動をしている。（観察） ★上履きを洗うために，タワシでどこの汚れをこすり，どの順序にすれば改善して効率的な洗い方になるのかを論理的に考えることができる。（観察）	
5	家族のために，自分でできることをふやそうとする。	●自分が家で続けられる仕事や，してあげたいことを考え発表する。 ・他に家族をにこにこさせられることはないかな。 ・校外学習に行った時に拾ったドングリを使って，プレゼントを作りたいな。	○家族がにこにこした時の様子を思い浮かべ，考えられるようにさせる。 ☆家族の喜びに気付いている。（ワークシート）	◇教科書の拡大 使用者：①教員 場面：（一斉学習）A1.教員による教材の提示 ハード：電子黒板

6	チャレンジしたいことについて，計画を立てる。	●自分がしたいことを考え，計画を立てる。 ・いつもお世話になっている家族に，今度は，自分が家族にしてあげられることはないかな。 ・ドングリを使ってプレゼントを作ってみたいな。	○上履き洗いをした時の方法を使い手順を考え，計画を立てさせる。 ☆秋の遠足で見つけた物を使ってプレゼントを作れることに気付く。(発表・ワークシート) ★論理的に考え作成した手順を，友達に分かりやすく教えている。(観察)	◇教科書の拡大 使用者：①教員 場面：(一斉学習) A1．教員による教材の提示 ハード：ニ．電子黒板 ◇画像の提示 使用者：②児童 場面：(協同学習) C3．協同制作 ハード：タブレットPC(1人1台) ソフト：skymenu
7 8	家族のためにプレゼントを作る計画を立てる。	●計画を立てた表をもとに，家族へのプレゼント作りに取り組む。 ・いつもお世話になっている家族に，すてきなプレゼントを作ろう。 ・家族は喜んでくれるかな。	○家族がにこにこした時の様子を思い浮かべながら，プレゼント作りをさせる。 ☆家族のことを考え，作品を作ろうとしている。(観察)	◇教科書の拡大 使用者：①教員 場面：(一斉学習) A1．教員による教材の提示 ハード：電子黒板
9	家族への気持ちを表現する。	●計画を立て，チャレンジしている仕事やしてあげたことを振り返り，家の人への手紙を書く。 ・仕事を続けたら，家族が喜んでいたよ。 ・家族への感謝の手紙を届けよう。	○家族への感謝の気持ちを表せるようにさせる。 ☆家族のよさや大切さに気付いている。(手紙)	

7 本時 (3／9時間)

(1) 目標

自分でも上履きを洗えることに気付き，実践するための手順をペアで決める。

(2) プログラミング教育の視点

何を，どの順序でやるか，正しい順序でシーケンスを構成する。

(3) 展開

時間	●学習活動・児童の反応	○支援・留意点 ☆教科等の評価 (評価方法) ★プログラミング教育の視点に関わる評価 (評価方法)	◇ICTの活用形態 ◆プログラミング教育の視点に立った留意点
導入 5分	●課題を把握し，学習の見通しをもつ。	○前時の振り返り，本時で詳しい手順を考えて行くことを示す。	
	うわばきをあらうてじゅんを　きめよう。		
展開 35分	●必要な手がかりを確認する。 ●「スタート」と「ゴール」を確認する。	○上履き洗いに必要なものをおさえるために，写真や実物を用意する。 上履き，タワシ，洗剤，たらい，水	

	●自分の上履きとタワシを使って実際に洗う練習をし，洗う場所と順序について個人で考える。 ●手順がばらばらの写真を見て，ペアでよりよい手順を考え，写真を正しい順序に並べ替える。 ・ここの順番を変えた方がいい。 ・どこから洗えばいいのかな。 ●お互いの手順と理由を発表する。	○スタートとゴールを明確にする。 「スタート」使うものを用意する。 「ゴール」洗った上履きをはく。 ○上履きが汚れている場所を見て洗う順序を考え，自分の意見をもたせる。 外側（かかと，つま先，横） 底，内側 ○ペアで一つの流れをつくる。 ○一人一人で考えたものをよりよくするためにペアで話し合いながら協力して写真を順番に並べ替える。 ☆上履きの洗い方を考え，自分にもできることに気付いている。（発言） ★正しい順序でシーケンスを構成する。（ペアでの発言・手順の画像） ○ペアでの話し合いを学級全体に広げるようにさせる。	◆一つずつの説明が明確で詳細であるほど，手順がわかりやすいことを体験的に理解する。 ◇画像の並べ替え 使用者：②児童 場面：（協働学習）C3．協働制作 ハード：タブレットPC （2人1台） ソフト：skymenu ◇写真にマーキングをし，並べ替えをする。 ◆より的確に他者に伝えるために，デバッグの考え方（よりよいものに修正する考え方）を体験する。
まとめ 5分	●個人で振り返りをする。 ・手順が分かったから次は自分で上履きを洗ってみたい。	○時間を確保し，気づきを確かなものにさせ，次時の見通しをもたせるために，「今日やってみて思ったこと」「次やってみたいこと」を書かせる。	

(4)　板書計画

「かぞくにこにこだいさくせん」をせいこうさせよう

うわばきをあらうてじゅんを　きめよう。

てがかり

ほうほう
1. 「てがかり」をみて，じぶんでかんがえる。
2. ペアで，はなしあい，しゃしんをただしいじゅんばんにならべかえる。
　わけをかんがえる。
3. しゃしんにばんごうをつける。
4. はっぴょうノートをせんせいにていしゅつする。

【本授業のポイント】

第1学年生活「かぞく　にこにこ　だいさくせん」の授業では，「家庭生活を支えている家族のことや自分でできることなどについて考え，家庭生活の中での自分の役割を積極的に果たそうとする。」などの生活の目標を達成するために，「自分でも上履きを洗えることに気付き，実践するための手順をペアで決める。」という本時の目標を設定しました。この目標を達成するために，計算論的思考（表3-1）の概念の「アルゴリズム的思考」に着目した授業を行いました。上履きを洗う体験活動後に（図6-7），手順をタブレット上で並び替え（図6-8），全体共有をし（図6-9），本時の振り返りを行いました（図6-10）。タブレットとワークシートの記録から，児童は手順を決める重要さと自分でも上履きを洗えることに気付くことが評価できました。

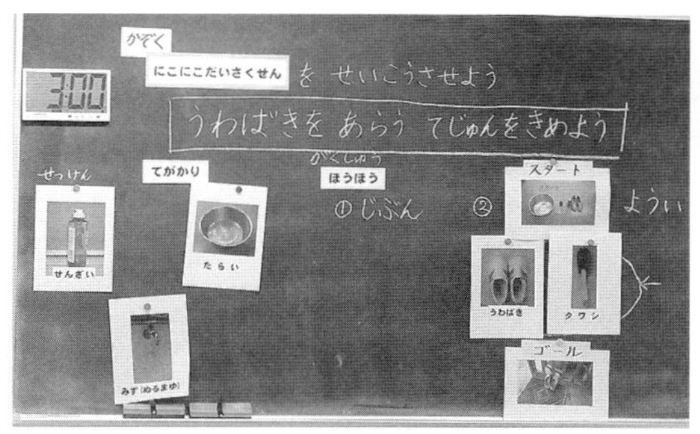

図6-6　めあて（スタートとゴール）の確認

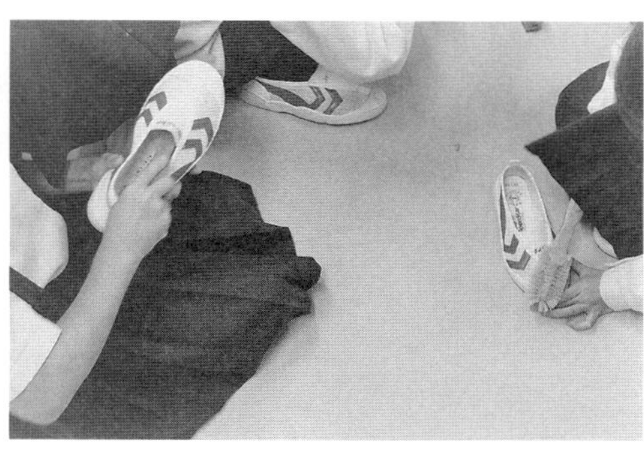

図6-7　上履きを洗う体験活動

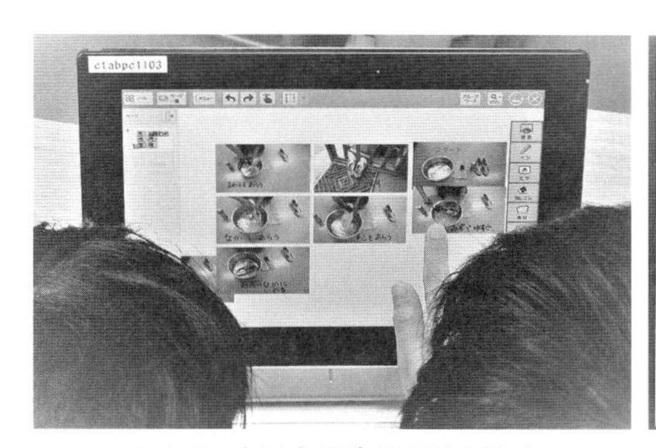

図6-8　上履きを洗う順番の検討

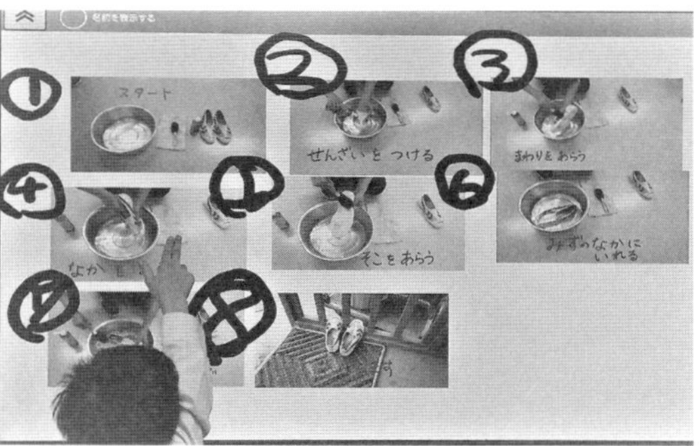

図6-9　考えた洗う順番を全体共有

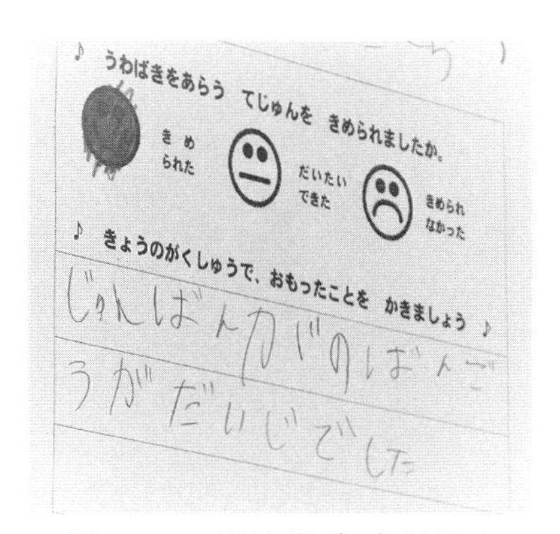

図6-10　手順と学びの振り返り

(3) 第2学年 生活 (中央区立阪本小学校)

第2学年　生活科学習指導案

平成30年9月20日（木）5校時
中央区立阪本小学校　2年1組教室　29名
授業者　室井　みや子

1　単元名「はっけん　くふう　おもちゃ作り」

2　単元の目標
・身の回りのものを使って，おもちゃを作り，遊ぶことを通して，面白さや不思議さに気付くことができる。
・おもちゃ作りを通し，友達と楽しく関わることができる。
・自分の工夫や，友達の工夫のよいところに気付くことができる。
・おもちゃの作り方の説明書を作り，友達に説明することができる。

3　単元の評価規準

関心・意欲・態度	思考・表現	気付き
○身近な材料を使ったおもちゃ作りに関心をもち，楽しく遊ぼうとしている。	○どんなおもちゃを作るかを考え，決めている。 ○速く，遠く，面白くなど思いや願いを達成するための方法を考え，試している。	○自分で作ったおもちゃで遊ぶ楽しさに気付いている。

4　単元について
児童はおもちゃで遊ぶことが大すきである。身の回りには，どんどん進化していくゲームや，情報機器などがあふれ，作られたおもちゃで遊ぶことにも慣れてきているが，自分で作って遊ぶ心は失われてはいない。目の前に材料があれば，喜んでものを作る。児童が身の回りのものを活用しておもちゃ作りをするなかで，繰り返し遊んだり，工夫を凝らしたりして，「こんなふうにすると，こうなる」「今度はこうしてみよう」などと，視点をもった見方になることが大切である。友達と関わりながら，「見付ける」「比べる」「試す」「見通す」「工夫する」などの視点が身につくよう支援していく。

5　プログラミング教育の視点
折り紙の折り方を考える活動を通して，正しい順序で手順を並べること，手順を細かく分割することの重要性に気付く。また，手順の検証を通してデバッグの考え方のよさに気付く。

6　指導計画

	ねらい	○学習活動　・児童の反応	◎指導・支援　☆評価	◇ICTの活用形態 ◆プログラミング教育の視点に関わる視点
1	ふれあい交流会のプレゼントの作り方を考える。	○ふれあい交流会でおじいちゃん，おばあちゃんにプレゼントを渡すことを知る。 ・作り方がわからない。 ○作り方の説明書を作るための計画を考える。 ・折り方を考える。 ・折り紙の枚数を確認する。 ・折り紙の重ね方を考える。	◎詳しい作り方がないと作れないことから，詳しい説明が必要なことに気付くようにする。 ◎説明書を作るために，何をすれば良いのかを考えるようにする。 ☆作り方を考えて，1年生と一緒にプレゼントを作ろうとしている。	 ◆問題を解決するためには計画（アルゴリズム）が必要であることを体験的に理解する。

2（本時）	効率的な折り紙の折り方をグループで決めていく。	○折り紙の折り方を考える。 ・折り紙を開いてみる。 ○作り方を細かく分割し写真をとって，正しい順番になるように話し合って説明書を作る。	◎一つ一つの手順は，短く，明確になるようにする。 ◎折り紙の説明書は文章では難しいため，写真で作る。 ☆折り紙の折り方の説明ができる。	◆一つずつの手順が明確で詳細であるほど，わかりやすいことを体験的に理解する。 ◇写真撮影・画像編集・画像の並べ替え
3	1年生への教え方を考える。	○作った説明で出来上がるかを検証し，1年生に伝わるかを考える。	◎2つの班でお互いの説明で折り紙が出来上がるか検証する。言われた通りに折るようにし，できなければ，再考し修正する。 ☆折り紙の折り方のよりよい説明ができる。	◆より的確に他者に伝えるためには，デバックの考え方が有効であることを体験を通して理解する。 ◇タブレットの画像を見せながら説明する。
4	1年生と一緒にプレゼントを作る。	○前時で作成した説明書をもとに1年生に教えながら，プレゼントを一緒に作る。	◎プレゼントする意味を1年生に説明し，こころを込めて一緒にプレゼントを作成できるようにする。 ☆一緒にプレゼントを作ることができる。	◇タブレットを見せながら説明する。
5 6 7 8	動くおもちゃを作る。	○折り紙でやったように具体的な作り方を考える。 ○材料を考える。 ○おもちゃを作る。	◎プレゼント作りの考え方をいかし，おもちゃの作り方を考える。 ◎繰り返し作れるように，材料を多めに準備しておく。 ☆身近な材料を使っておもちゃを作れることに気付く。	
9 10	作ったおもちゃを紹介し合い，みんなで遊ぶ。	○友達と一緒に作ったおもちゃで遊んだり，工夫して作り直したりする。	◎友達と楽しく遊びながら，どうすればもっと楽しいおもちゃにできるか考えて試す。 ☆比べたり，試したりして，よりよいおもちゃ作りに取り組んでいる。	
11	おもちゃ作りの報告書を書く。	○自分が工夫したことや友達の工夫から気付いたことを報告書にまとめる。	◎自分の工夫や発見が明確になるようにし，気付きの質を高める。 ☆自分や友達の工夫のよさに気付いている。	

7　本時の指導計画（2／11）

(1) 目標

1年生のことを考え，効率的な折り紙の折り方をグループで決めていくことができる。

(2) プログラミング教育の視点

一つずつの説明が明確で詳細であるほど，わかりやすいことを体験的に理解する。また，一つ一つの手順を考える力や話し合って修正する力を育む。

(3) 展開

時間	○学習活動　・児童の反応	◎指導・支援　☆評価	◇ICTの活用形態 ◆プログラミング教育の視点に立った留意点
導入 5分	○課題を把握し，学習の見通しを持つ。	◎前時の振り返り，本時で詳しい作り方を考えていくことを示す。	

	プレゼントのくわしい作り方を考えよう。		
展開 35分	○折り紙の折り方を考える。 ・折り紙を開いてみる。 ○一つ一つの手順を写真に撮る。 ・始めに半分に折る。 ・角を三角に折る。 ○正しい順番になるように，写真に番号を付け並べ替える。 ・ここの順番を変えた方がいい。 ・始めに，ここに折り目をつけておいた方がいい。	◎手順は短く，明確にすると良いことをおさえる。 ◎自分のたちの考えた手順で出来上がるのか検証し，修正することによってよりよい説明書になることに気付くようにする。 ☆折り紙が出来上がる説明ができる。	◆一つずつの説明が明確で詳細であるほど，手順がわかりやすいことを体験的に理解する。 ◇写真撮影・画像編集・写真の並べ替え 写真にマーキングをし，並べ替えをする。 ◆より的確に他者に伝えるためには，デバッグの考え方（よりよいものに修正する考え方）が有効であることを，体験を通して理解する。
まとめ 5分	○振り返りをする。 ・折り方がわかったから，次は組み方を知りたい。 ・わかった折り方を1年生にも早く教えたい。	◎時間を確保し，気付きを確かなものにさせ，次時の見通しをもたせる。	

(4)　板書計画

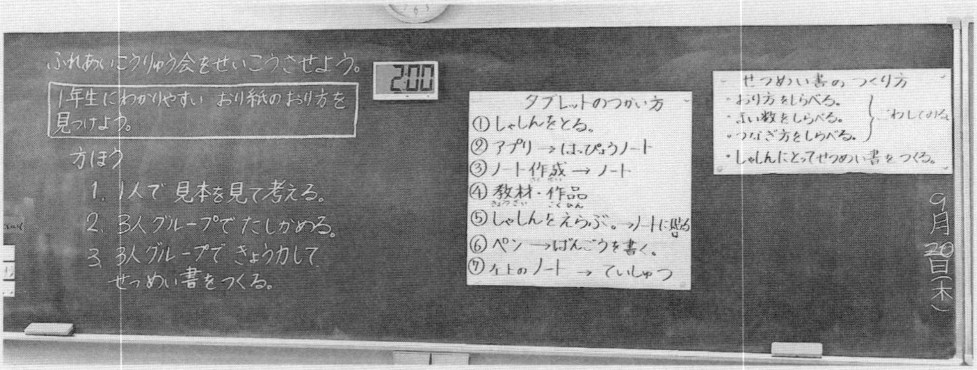

図6-11　板書計画

【本授業のポイント】

第2学年生活「はっけん　くふう　おもちゃ作り」の授業では，「おもちゃの作り方の説明書を作り，友達に説明することができる。」などの生活の目標を達成するために，「1年生のことを考え，効率的な折り紙の折り方をグループで決めていくことができる。」という目標を本時に設定しました。この目標を達成するために，計算論的思考（表3-1）の概念の「抽象化」「デコンポジション」「アルゴリズム的思考」に着目した授業を行いました。

はじめに折り紙で作成されたまりを分解して折り紙の折り方の確認をしました（図6-12）。その後，折り方の場面ごとに撮影し（図6-13），1年生に説明しやすいような写真を取捨選択しながら手順にしたがって並び替えを行いました（図6-14）。どのような基準で写真を取捨選択し，並び替えたのかをグループごとに発表した後，本時の授業の振り返りをワークシートで行いました（図6-15）。本時の取捨選択は「抽象化」で，折り紙の折り方の事象をいくつかの手順に分解しながら手順を考える学習活動は「デコンポジション」と「アルゴリズム的思考」です。本時の目標である「効率的な折り紙の折り方を決める」ことについて，ワークシートの「ひらく とじる ひらく とじるをなんかいもやったら いちまいが かんせいすることが わかった」（図6-15）の記述のように，折り方に繰り返しが含まれているという，プログラミング的思考に繋がるような気づきを得た児童がいることが評価できました。

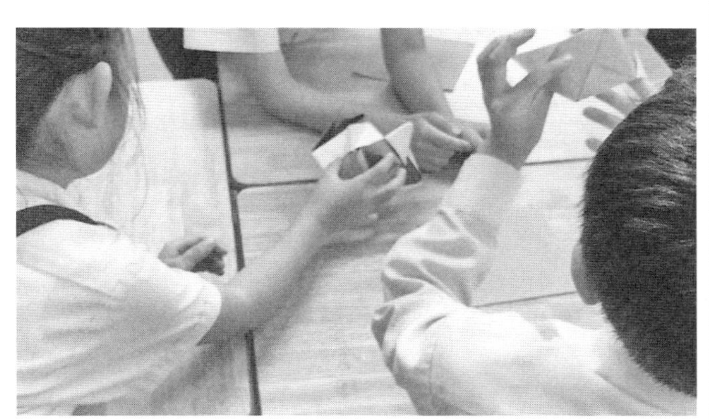

図6-12　折り紙を分解しながら折り方の確認

図6-13　折り方の撮影

図6-14　撮影した写真を取捨選択しながら並び替え

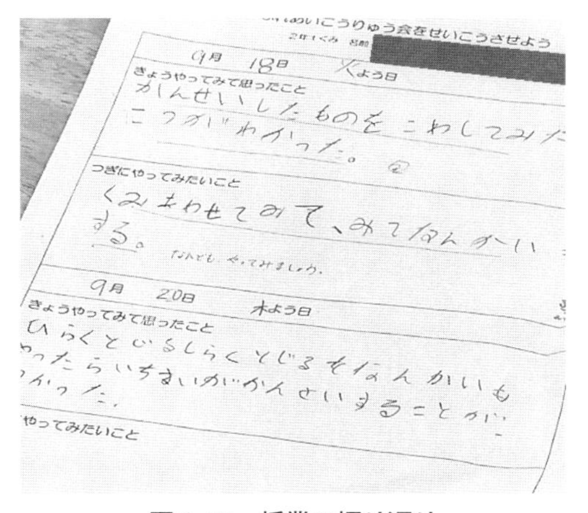

図6-15　授業の振り返り

(4) 第3学年 理科(世田谷区立烏山小学校)

第3学年　理科学習指導案

日時　平成30年9月26日(水)　第5校時
場所　温知学舎　世田谷区立烏山小学校
学級　第3学年1組　31名
授業者　竹田　晶

1　単元名　こん虫を調べよう

2　単元の目標

校庭や野原等，身近にいる生き物を探し，生き物はどのような植物に集まるかを調べ，そこに生息する昆虫の様子から，生き物は食べ物となる植物など，周りの自然と関わって生きているという見方・考え方を働かせて問題を見いだす力を養う。また，それらの昆虫のからだのつくりを調べ，昆虫のからだは頭，むね，及びはらからできていて，それらのつくりには種類によって特徴があり，それぞれの昆虫の生活に役立っているという見方や考え方を働かせて生き物を愛護する態度や主体的に問題解決しようとする態度を養う。

3　単元の評価規準

知識・技能	・昆虫のからだのつくりの細かい部分にまで着目して観察する。 ・昆虫のからだは，どれも頭，むね，はらの3つの部分でできていて，むねにはあしが6本あることを理解している。
思考力，判断力，表現力等	・昆虫のからだのつくりについて，他の虫などと比較しながら共通点や差異点を見いだし表現している。 ・身の回りの昆虫のすみかを，食べ物や隠れ場所と関係付けて考えている。
学びに向かう力・人間性等	・いろいろな昆虫は，どのような場所をすみかにしているか，すすんで調べようとしている。

4　単元について

単元設定の理由

本単元は，「チョウを育てよう」の単元にて，チョウのからだのつくりについて学習していることを踏まえ，他の昆虫のからだのつくりを調べる。1次では，校庭など身近にいる昆虫等の生き物を児童が意欲的に探し，自らの手に取って観察できるようにする。その際に，生き物はどこをすみかにしているのか追究する中で，そのすみかは生き物の食べ物のあるところと関係しているという見方・考え方ができるようにする。

2次では，チョウ以外の虫のからだのつくりについて資料を用いて，昆虫の特徴をもっているのかを調べる。昆虫のからだのつくりを調べることで，頭・むね・はらからできていて胸には6本の足があるという共通性を捉えられるようにし，それらのつくりには種類によって特徴があり，それぞれの昆虫の生活に役立っているという見方や考え方を養う。本時では，生き物を昆虫と他の虫に分類する活動を行い，フローチャートを使って考えを対話することで問題解決のための思考であるプログラミング的思考が養われると考える。

3次では，STEM教育のものづくりの精神を養うことに関連して，学習したことをもとに昆虫模型を作成し，キッズフェスティバルでの展示を行う予定である。

5　学習指導計画(全6時間)

※「研究主題との関連」欄の《めあて》は「主体的・対話的で深い学びのあるめあて学習」を，《プロ思》は「各教科におけるプログラミング的思考を生かした学習」を表しています。

次	時	◎ねらい	○主な学習活動	研究主題との関連	★評価規準
1 つかむ	1	◎学習計画を立て，校庭にはどのような生き物がいるか探し，観察する。	○学習計画を立てる。 ○校庭に出て，生き物の様子を調べる。	○昆虫模型を作るために主体的・対話的に学ぶことができる。 《めあて》	★いろいろな昆虫は，どのような場所をすみかにしているか，すすんで調べようとしている。 【学】
	2	◎身の回りの生き物のすみかを，食べ物や隠れ場所と関係付けて考える。	○前時に見付けた生き物がどこでよく見られたかを表にまとめる。	○生き物が見られた場所を表にまとめるために主体的・対話的に学ぶことができる。《めあて》	★身の回りの昆虫のすみかを，食べ物や隠れ場所と関係付けて考えている。 【思】
2 深める	3 1組本時	◎生き物のからだのつくりを調べる。	○生き物のからだのつくりに着目して昆虫と他の虫に分ける。	○昆虫のからだのつくりには共通点があることを理解することができる。 《プロ思》	★昆虫のからだのつくりについて，他の虫などと比較しながら共通点や差異点を見いだし表現している。 【思】 ★昆虫のからだは，どれも頭，むね，はらの3つの部分でできていて，むねにはあしが6本あることを理解している。【知】
	4	◎昆虫のからだのつくりをくわしく調べる。	○食べるものや隠れ場所によって目や口，あしの形などが違うことに気付き，その働きを話し合う。	○昆虫のからだの働きを知るために，主体的・対話的に学ぶことができる。 《めあて》	★昆虫のからだのつくりの細かい部分にまで着目して観察する。 【知】
3 まとめる	5・6	◎昆虫のからだのつくりを理解して，模型を作る。	○学習したことをもとに，昆虫の模型を作ることができる。	○昆虫のからだのつくりを理解して模型を作ることができる。 《めあて》	★昆虫のからだは，どれも頭，むね，はらの3つの部分でできていて，むねにはあしが6本あることを理解している。【知】

6　本時の学習（3／6）

(1) 目標

○昆虫のからだのつくりには共通点があることを理解して，生き物を分類することができる。

○昆虫のからだは，どれも頭，むね，はらの3つの部分でできていて，むねにはあしが6本あることを理解することができる。

(2) 活用するICT

・大型テレビモニター　・実物投影機　・タブレット型端末

(3) 研究主題に迫るための手だて

○昆虫のからだのつくりには共通点があることを確認して，共通点と差異点に着目させて話し合わせる。《プログラミング的思考》

○児童が分類した結果から，児童とフローチャートの作成を行いながら昆虫のからだのつくりの特徴を押さえ，理解を深める。《プログラミング的思考》

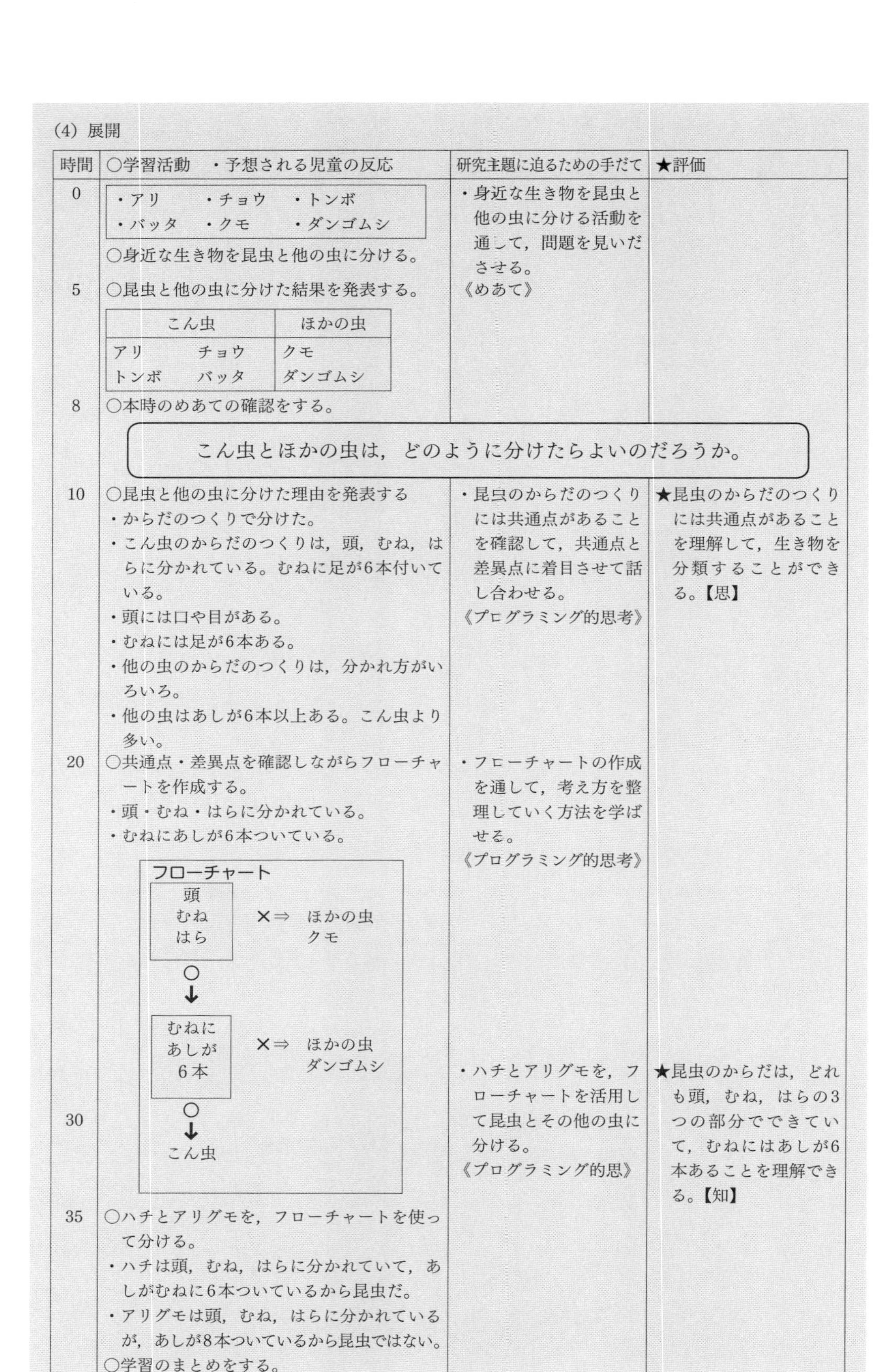

(4) 展開

時間	○学習活動　・予想される児童の反応	研究主題に迫るための手だて	★評価
0	・アリ　・チョウ　・トンボ ・バッタ　・クモ　・ダンゴムシ ○身近な生き物を昆虫と他の虫に分ける。	・身近な生き物を昆虫と他の虫に分ける活動を通して，問題を見いださせる。 《めあて》	
5	○昆虫と他の虫に分けた結果を発表する。 こん虫：アリ　チョウ　トンボ　バッタ ほかの虫：クモ　ダンゴムシ		
8	○本時のめあての確認をする。		
	こん虫とほかの虫は，どのように分けたらよいのだろうか。		
10	○昆虫と他の虫に分けた理由を発表する ・からだのつくりで分けた。 ・こん虫のからだのつくりは，頭，むね，はらに分かれている。むねに足が6本付いている。 ・頭には口や目がある。 ・むねには足が6本ある。 ・他の虫のからだのつくりは，分かれ方がいろいろ。 ・他の虫はあしが6本以上ある。こん虫より多い。	・昆虫のからだのつくりには共通点があることを確認して，共通点と差異点に着目させて話し合わせる。 《プログラミング的思考》	★昆虫のからだのつくりには共通点があることを理解して，生き物を分類することができる。【思】
20	○共通点・差異点を確認しながらフローチャートを作成する。 ・頭・むね・はらに分かれている。 ・むねにあしが6本ついている。 フローチャート 頭 むね はら　×⇒　ほかの虫 クモ ○↓ むねに あしが 6本　×⇒　ほかの虫 ダンゴムシ ○↓ こん虫	・フローチャートの作成を通して，考え方を整理していく方法を学ばせる。 《プログラミング的思考》	
30		・ハチとアリグモを，フローチャートを活用して昆虫とその他の虫に分ける。 《プログラミング的思》	★昆虫のからだは，どれも頭，むね，はらの3つの部分でできていて，むねにはあしが6本あることを理解できる。【知】
35	○ハチとアリグモを，フローチャートを使って分ける。 ・ハチは頭，むね，はらに分かれていて，あしがむねに6本ついているから昆虫だ。 ・アリグモは頭，むね，はらに分かれているが，あしが8本ついているから昆虫ではない。 ○学習のまとめをする。		

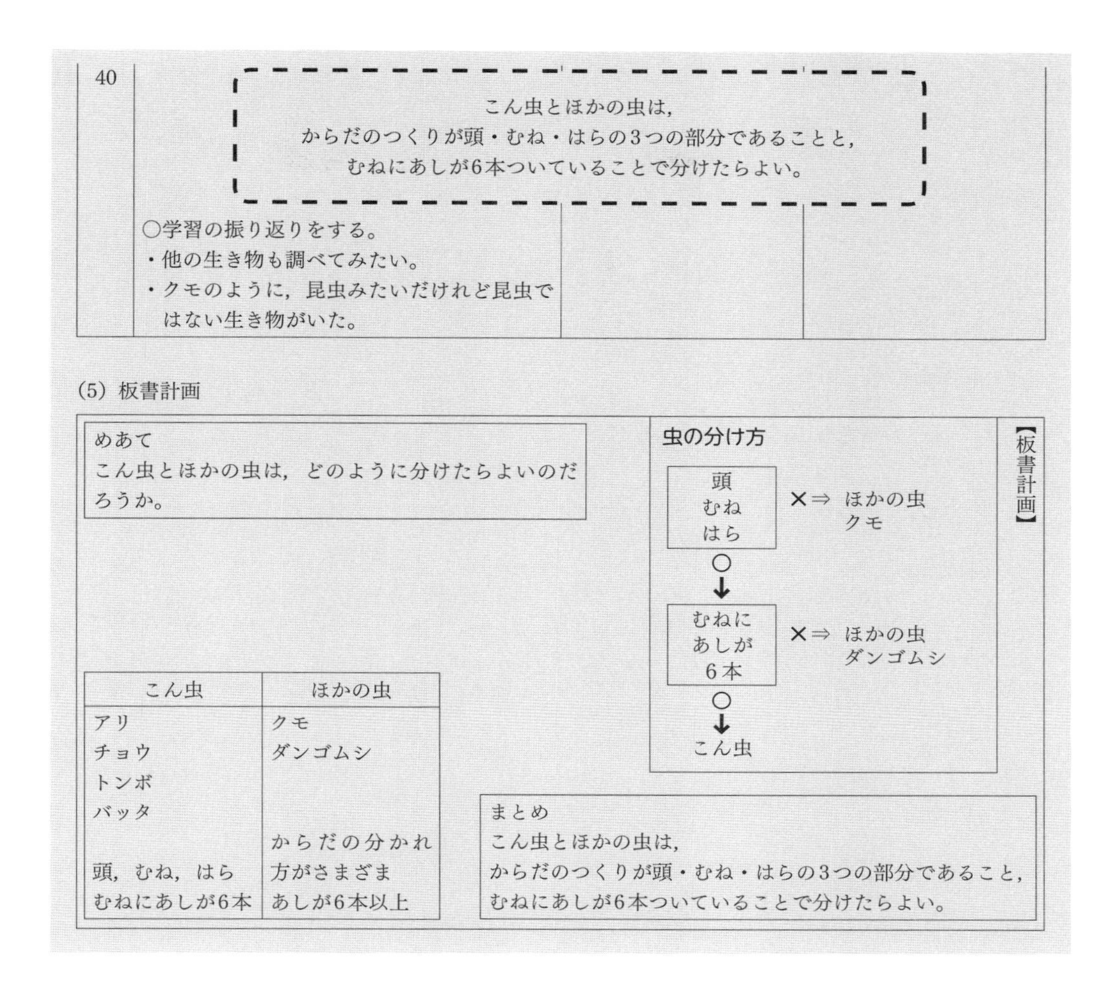

40	こん虫とほかの虫は， からだのつくりが頭・むね・はらの3つの部分であることと， むねにあしが6本ついていることで分けたらよい。		
	○学習の振り返りをする。 ・他の生き物も調べてみたい。 ・クモのように，昆虫みたいだけれど昆虫ではない生き物がいた。		

(5) 板書計画

【板書計画】

めあて
こん虫とほかの虫は，どのように分けたらよいのだろうか。

虫の分け方

頭
むね
はら
×⇒ ほかの虫
クモ

○
↓

むねに
あしが
6本
×⇒ ほかの虫
ダンゴムシ

○
↓

こん虫

こん虫	ほかの虫
アリ チョウ トンボ バッタ	クモ ダンゴムシ
頭，むね，はら むねにあしが6本	からだの分かれ方がさまざま あしが6本以上

まとめ
こん虫とほかの虫は，
からだのつくりが頭・むね・はらの3つの部分であること，
むねにあしが6本ついていることで分けたらよい。

【本授業のポイント】

第3学年理科「こん虫を調べよう」の授業では，「昆虫のからだは頭，むね，はらからできていて，それらのつくりには種類によって特徴がある」ことを理解させる目標があります。そこで本時では，「昆虫のからだのつくりには共通点があることを理解して，生き物を分類することができる。」などの目標を設定しました。この目標を達成するために，計算論的思考（表3-1）の概念の「アルゴリズム的思考」「評価」「一般化」に着目した授業を行いました。

昆虫に分類できるための条件を挙げた後，その条件をどのような手順で評価すれば，どの虫も分けることができるかについて，全員で確認し合いました。

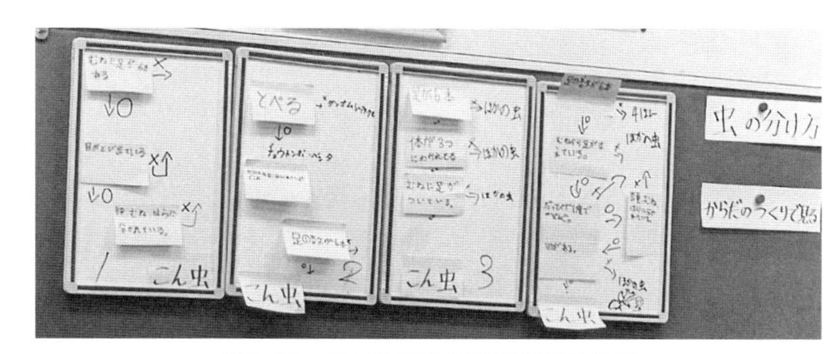

図6-16　虫の分け方の手順の情報共有

(5) 第４学年 算数(中央区立阪本小学校)

第４学年　算数科学習指導案

平成30年12月7日(金) 第6校時
中央区立阪本小学校　4年1組27名
田上　　規【4年教室】はりきりコース 15名
小幡　瑞恵【3年教室】しっかりコース 8名
西津三也子【5年教室】じっくりコース 4名

1　単元名「面積のはかり方と表し方」

2　単元の目標

・面積について単位と測定の意味を理解し，面積を計算によって求めることができるようにするとともに，面積についての量感を豊かにする。

3　単元の評価規準

関心・意欲・態度	数学的な考え方	技能	知識・理解
○面積を数値化して表すことのよさや，計算によって求められることの便利さに気付き，身の回りの面積を求めるなど生活に生かそうとしている。	○面積について，量や乗法の学習を基に，単位の何こ分で数値化して表すことや，辺の長さを用いて計算で求められることを考え，とらえることができる。	○長方形，正方形の面積を，公式を用いて求めることができる。	○面積について，単位と測定の意味や，長方形や正方形の面積は計算によって求められることやその求め方を理解し，面積についての量感を身に付ける。

4　単元について

今までに，面積の意味を考えたり，直接比較，任意単位による測定を通して面積を比較したりして，面積についての基本的な学習を進めてきた。第4学年になり，このような経験を踏まえて単位や測定の意味を理解し，1cmの正方形を基準とした長方形や正方形の面積の求め方を考える。また，一般化できるように公式を導き，それらを用いて面積を求められるようになってほしいと考える。そして，第5学年の平行四辺形や三角形，台形などの面積を求める学習や，直方体，立方体などの体積を求める学習にもつなげる。

また，身の回りにある面積を実際に予想したり，測定したりする活動を通して，量感を育てていきたい。

5　プログラミング教育の視点

知識・技能	思考力，判断力，表現力等	学びに向かう力・人間性等
○長方形や正方形の面積の求め方を知り，計算によって求める公式を作り一般化できることを知る。	○学習した図形に似ている部分を探し，組み合わせたり除いたりして，面積を求める手順を考えることができる。	○与えられた図形を，多面的に捉え，計画的に面積を求めようとする態度を養う。

6　指導計画

	ねらい	●学習活動　・児童の反応	○支援・留意点 ☆教科等の評価(評価方法) ★プログラミング教育の視点に関わる評価(評価方法)	◇ICTの活用形態 ◆プログラミング教育の視点に立った留意点
1	面積の比べ方をいろいろな方法で考え，面積を比べることができる。	●陣取りゲームで得られた図形の面積の比べ方を考える。 ・重ねてみればわかる。 ・重ねてはみ出した部分を比べる。	○陣取りゲームを切り取れるものにし，直接比較できるようにする。 ☆いろいろな方法で，面積の比べ方を考えようとしている。(発言・ノート)	◇図形の提示 使用者：①教員 場面：(一斉学習) A1. 教員による教材提示 ハード：ニ. 電子黒板

			★図形を切り離したり重ねたりして比較できることに気付いている。(発言・ノート)	◆面積を比較するためには，分解したり重ね合わせたりすることを理解する。
2	面積の単位「平方センチメートル(cm^2)」を知り，面積の意味について理解する。	●陣取りゲームで得られた面積の表し方を考える。 ●面積の単位「平方センチメートル(cm^2)」を知る。 ・$1cm^2$は1㎝の正方形の大きさをいう。 ・$1cm^2$がいくつあるか考えればよい。	○共通の単位が必要になることを気付かせるために，長さの比較などを例に出す。 ☆面積の意味や単位「平方センチメートル(cm^2)」を理解している。(発言・ノート) ★面積は$1cm^2$が組み合わさっていることに気付く。(発言・ノート・発表ノート)	◇図形の提示 使用者：①教員 場面：(一斉学習) A1. 教員による教材提示 ハード：ニ. 電子黒板 ◆図形を，$1cm^2$がいくつあるか分解して考えられることを理解する。
3	長方形，正方形の面積を計算で求める方法を理解し，面積を求める公式をつくることができる。	●長方形，正方形の面積を計算で求める方法を考える。 ●「公式」の意味を知り，長方形，正方形の面積の公式をまとめる。 ・$1cm^2$の大きさの数を求めればよい。 ・かけ算で求められる。	○$1cm^2$の大きさを数えることと長さが共通することを押さえる。 ☆面積は，縦と横の辺の長さから計算で求められる便利さに気付く。(発言・発表ノート) ★長方形や正方形の面積は，$1cm^2$の大きさが縦と横にいくつずつあるかの組み合わせであることに気付く。(発言・ノート)	◇図形の提示 使用者：①教員 場面：(一斉学習) A1. 教員による教材提示 ハード：ニ. 電子黒板 ◆長さが変わっても公式を作ることで一般化できることを理解する。
4	面積を求める公式を使って面積を求めることができる。	●公式を用いて，長方形や正方形の面積を求めたり，辺の長さを求めたりする。 ●周りの長さが等しい長方形や正方形の面積を求め，周りの長さが等しくても面積が異なる図形があることを押さえる。 ・公式を使うと面積から長さが求めることができる。	○長さを求めることで面積が求められる便利さを実感させる。 ☆面積は公式を用いて求めることができる。(発言・ノート) ★面積を求めるには，公式があるなど，一般化できることに気付く。(発言・ノート)	◇図形の提示 使用者：①教員 場面：(一斉学習) A1. 教員による教材提示 ハード：ニ. 電子黒板
5	L字型の面積の求め方を考え，求めることができる。	●長方形を組み合わせた面積を，分割したり，補ったりするなどのいろいろな考え方で求める。 ・線を引いて長方形を2つにする。 ・大きい長方形から引く考え方がある。 ●他者の考え方を読み取り，図や式などで説明する。 ・線を引いて計算すると整理できる。	○補助線を引くことで考え方が整理できることを押さえる。 ☆長方形や正方形を使って面積を求められることに気付く。(発言・発表ノート) ★既習事項に類似した図形を組み合わせたり除いたりして，面積を求める手順を考える。(発言・ノート)	◇図形の提示 使用者：①教員 場面：(一斉学習) A1. 教員による教材提示 ハード：ニ. 電子黒板 ◆公式を使える図形を見付けて，手順を考えて面積を求めることができることを理解する。

6 (本時)	長方形や正方形を組み合わせた図形の面積を，分かりやすく求めることができる。	●長方形を組み合わせた面積を，分割したり，補ったりする方法を使って，求める方法を考える。 ・前回の考え方が使える。 ●他者の考え方を知り，より早く正確に求める方法を説明する。 ・引く考え方の方が計算することが少ないから早い。	○前時の面積の求め方を押さえる。 ☆L字型の面積の求め方を使って面積を求められることに気付く。（発言・発表ノート） ★既習事項を使ったり，組み合わせたりして，より早く正確に面積を求める手順を考える。（発言・ノート）	◇図形の提示 使用者：①教員 場面：（一斉学習）A1．教員による教材提示 ハード：ニ．電子黒板 ◆今までに作った面積を求める手順を利用して，数値を変えたり組み合わせたりして面積を求める。
7	面積の単位「平方メートル（m^2）」を知り，辺の長さがmの時も適用できることを理解する。	●長方形の形をした教室と正方形の形をした理科室の面積の求め方を考える。 ●面積の単位「平方メートル（m^2）」を知る。 ●辺の長さがmで表されていても，面積の公式が使えることを確認する。 ・「m」になっても同じように面積を表せる。	○1mの長さを確認する。 ☆辺の長さがmで表された長方形や正方形の面積も，面積の公式を使って求められることに気付く。（発言・ノート） ★長さの単位がcmからmに変わっても同じように面積を求められる。（発言・ノート）	◇図形の提示 使用者：①教員 場面：（一斉学習）A1．教員による教材提示 ハード：ニ．電子黒板 ◆単位が変わっても公式が使えることを理解する。
8	面積の単位m^2とcm^2の関係を理解する。	●$1m^2$は何cm^2になるか調べる。 ・$100cm^2$　・$10000cm^2$ ●紙を使って，$1m^2$の正方形を作り面積の量感をつかむ活動に取り組む。 ・たたみ一畳より大きい ・お布団ぐらい	○mとcmの長さの関係を押さえる。 ☆面積の単位m^2とcm^2の関係を理解している。（発言・ノート） ★面積の単位と長さの単位との関係性を見出し，理解する。（発言・ノート）	◇図形の提示 使用者：①教員 場面：（一斉学習）A1．教員による教材提示 ハード：ニ．電子黒板 ◆面積の単位の関係について理解する。
9	面積の単位aとhaを知り，面積の単位の相互関係を理解する。	●一辺の長さを10mや100mにしたときの面積を考え，面積の単位「アール（a）」や「ヘクタール（ha）」を知る。 ・広さの単位 ・社会科の資料に出ている。	○「a」や「ha」が使われる場面を具体的に例示する。 ☆$1cm^2$，$100cm^2$，$1m^2$，1a，1haで表される正方形の一辺の長さと面積から，正方形の一辺の長さが10倍になると面積が100倍になる関係を理解している。（発言・ノート） ★長さと面積の関係性を見出し，単位を理解する。（発言・ノート）	◇図形の提示 使用者：①教員 場面：（一斉学習）A1．教員による教材提示 ハード：ニ．電子黒板 ◆正方形の一辺の長さが10倍になると面積が100倍になる関係を理解する。
10	面積の単位km^2を知り，面積の単位の相互関係を理解する。	●町の面積を調べ，面積の単位「平方キロメートル（km^2）」を知る。 ・都道府県調べの時に使った。 ●$1km^2$は何m^2になるか調べる。 ・$1000m^2$　・$10000m^2$ ・$1000000m^2$	○1kmの長さを確認する。 ☆km^2で表される正方形の一辺の長さと面積を知り，a，ha，km^2とその相互関係を理解している。（発言・ノート） ★長さの単位がcmからmに変わっても同じように面積を求められる。（発言・ノート）	◇図形の提示 使用者：①教員 場面：（一斉学習）A1．教員による教材提示 ハード：ニ．電子黒板 ◆単位が変わっても公式が使えることを理解する。

11	学習内容を適用して問題を解決する。	●「力を付けるもんだい」に取り組む。 ●身の回りのいろいろな物の面積を，見当を付けてから調べる。 ・校庭は「m^2」を使うと表しやすそう。	○公式や補助線をかくことで求められることを確認する。 ☆学習内容を適切に活用して，問題を解決することができる。(発言・ノート) ★既習事項を使って，面積を求める手順を考えて解決している。(発言・ノート)	◆よりよい方法で面積を求めるために，公式や面積を求める手順を振り返る。
12	学習内容の定着を確認し，理解を確実にする。	●しあげの問題に取り組む。 ・公式を確認しよう。	○公式や補助線をかくことで求められることを確認する。 ☆学習内容を適切に活用して，問題を解決することができる。(発言・ノート) ★既習事項を使って，より早く正確に面積を求める手順を考えて解決している。 (発言・ノート)	◆よりよい方法で面積を求めるために，公式や面積を求める手順を振り返る。

7　本時の指導計画　(6／12時間)

(1) 目標

既習の長方形や正方形の面積を求める学習を活用して，長方形を組み合わせた図形の面積の求め方を考え，面積を求めることができる。

(2) プログラミング教育の視点

与えられた図形を分けたり，組み合わせたり，除いたりして，工夫して面積を求める手順を構成する。

(3) 展開　①(はりきりコース)

時間	●学習活動　・児童の反応	○支援・留意点 ☆教科等の評価 (評価方法) ★プログラミング教育の視点に関わる評価 (評価方法)	◇ICTの活用形態 ◆プログラミング教育の視点に立った留意点
導入 5分	●前時の学習を振り返る。 ・L字型の面積を求めた。 ・2つの長方形に分けた。 ・大きな長方形の面積を求めて，小さい形を引けばよい。 面積を工夫して求める方法を考えよう。 問題 次の図形の面積を求めなさい。 ●課題を把握し，どのように考えるか見通しをもつ。	○前時まで学習してきた公式を確認する。	◇前時の考え方の提示 使用者：①教員 場面：(一斉学習) A1．教員による教材提示 ハード：ニ．電子黒板 ソフト：a．Skymenu
展開 30分	●面積を求める方法を各自で考える。 ・補助線を引いて3つに分ける。	○L字型の求め方を伝え，さまざまな考え方があることに気付かせる。 ○前の時間の手順を使えることを確認する。	◆「直線を引く」「縦×横」「足す」「引く」など，前時の手順を使うことで求められることを理解する。

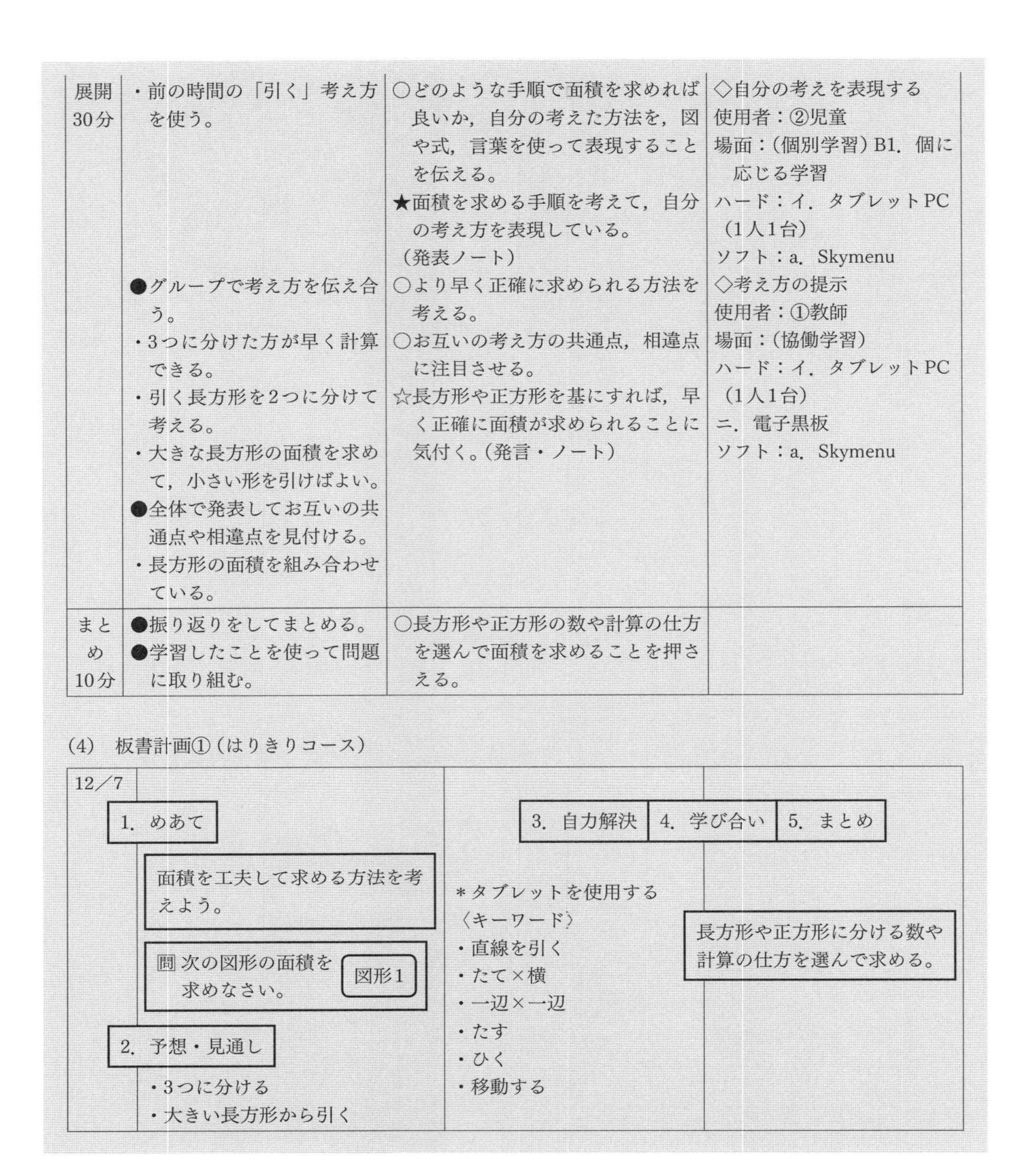

展開 30分	・前の時間の「引く」考え方を使う。 ●グループで考え方を伝え合う。 ・3つに分けた方が早く計算できる。 ・引く長方形を2つに分けて考える。 ・大きな長方形の面積を求めて，小さい形を引けばよい。 ●全体で発表してお互いの共通点や相違点を見付ける。 ・長方形の面積を組み合わせている。	○どのような手順で面積を求めれば良いか，自分の考えた方法を，図や式，言葉を使って表現することを伝える。 ★面積を求める手順を考えて，自分の考え方を表現している。 （発表ノート） ○より早く正確に求められる方法を考える。 ○お互いの考え方の共通点，相違点に注目させる。 ☆長方形や正方形を基にすれば，早く正確に面積が求められることに気付く。（発言・ノート）	◇自分の考えを表現する 使用者：②児童 場面：（個別学習）B1. 個に応じる学習 ハード：イ. タブレットPC（1人1台） ソフト：a. Skymenu ◇考え方の提示 使用者：①教師 場面：（協働学習） ハード：イ. タブレットPC（1人1台） ニ. 電子黒板 ソフト：a. Skymenu
まとめ 10分	●振り返りをしてまとめる。 ●学習したことを使って問題に取り組む。	○長方形や正方形の数や計算の仕方を選んで面積を求めることを押さえる。	

(4) 板書計画①（はりきりコース）

【本授業のポイント】

第4学年算数「面積のはかり方と表し方」では，「面積について単位と測定の意味を理解し，面積を計算によって求めることができるようにするとともに，面積についての量感を豊かにする。」という目標があります。この目標を達成するために，本時では，「既習の長方形や正方形の面積を求める学習を活用して，長方形を組み合わせた図形の面積の求め方を考え，面積を求めることができる。」という目標を設定しました。この目標を達成するために，計算論的思考（表3-1）の概念の「抽象化」「デコンポジション」「アルゴリズム的思考」に着目した授業を行いました。めあて（スタートとゴール）（図6-17），解くための要素（条件）（図6-18）を確認した後，使用する条件を考えながら（抽象化），図形を分解し（デコンポジション），問題解決の手順（アルゴリズム的思考）を表現しました（図6-19）。自力解決で考えた解き方を共有しながら（図6-20），多様な面積の求め方を理解し，手順が少ない効率の良い解き方について理解しました。

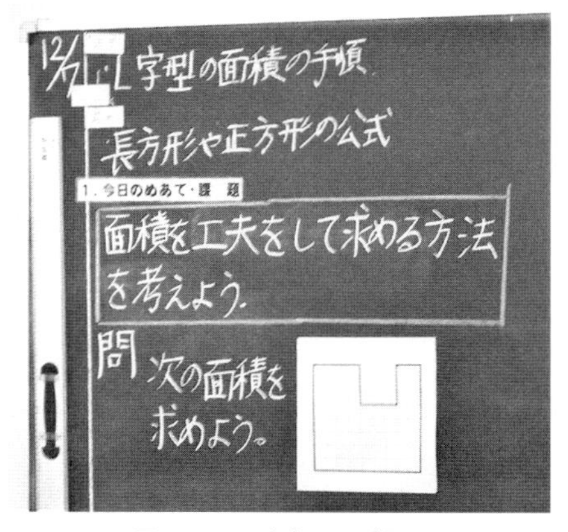

図6-17　めあての提示

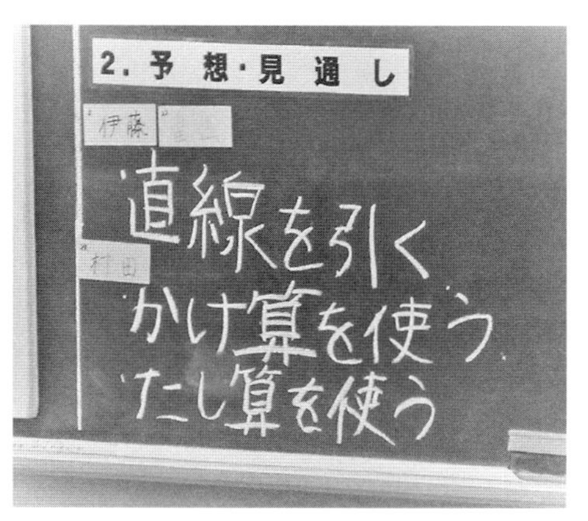

図6-18　解くための要素（条件）を確認

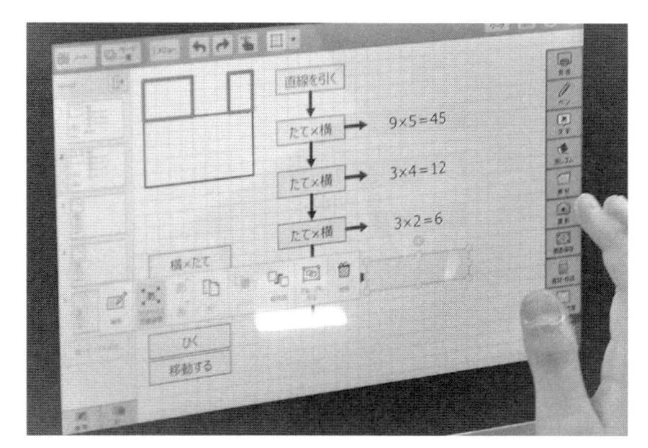

図6-19　解き方の手順と立式（自力解決）

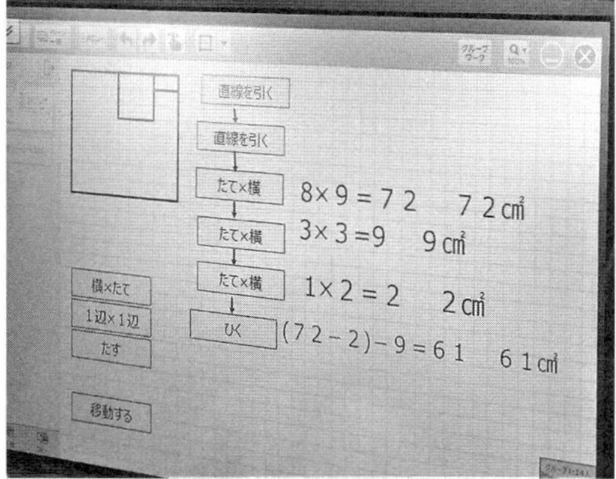

図6-20　解き方の発表（共有）

(6) 特別支援学級(世田谷区立烏山小学校)

つくし学級　生活単元学習　学習指導案

日時　　平成30年10月31日(水)　第5校時
場所　　温知学舎　世田谷区立烏山小学校　体育館
学級　　つくし学級　12名
授業者　宮脇　げんき(T1)
岡崎　千尋　(T2)
今岡　睦美　(T3)

1　単元名　　ロボットの動かし方を知ろう

2　単元の目標

ロボットの動かし方を知る活動を通して，問題の解決には必要な手順があることに気が付くことができる。

3　単元の評価規準

知識・技能	・ロボットはプログラムで動いていることを知ることができる。
思考力，判断力，表現力等	・物事には手順があることに気付くことができる。 ・目的に合わせて適切な手順を考えることができる。
学びに向かう力・人間性等	・目的を意識して最後までやり遂げようとしている。 ・身近な問題の発見や解決にコンピューターが役立っていることを考えようとしている。

4　単元について

単元設定の理由

特別支援学級は，学年ごとの学習指導要領に則って学習に内容を設定しているのではなく，特別支援学校と通常学級の学習指導要領の両方をもとに，児童の実態に則して学習の内容を設定している。今回の単元の評価規準は，ベネッセコーポレーションが作成した「プログラミングで育成する資質・能力の評価規準(試行版)」を基に設定したものである。このうち本学級では低学年の評価規準を取り上げ，単元を作成した。

本学級でのアンプラグドの学習は，プログラミング的思考を養うと共に，実際にロボットを動かす前段階の活動と位置付けた。9月には画用紙で作られた「じぶんリモコン」を使って，ボタンごとに自分がどう動くのかを考えた。ボタンごとに決められた動きをすることと，そのボタンを押されたら何度でも同じ動きをする活動を通して，身近な生活の中にプログラムが活用されていることに気付いている。

本学級の児童は，活動を動作化することで学習に意欲的になったり，知識が定着したりすることが多い。プログラミング的思考を知ることで，より具体的に課題を把握することができると考え，この単元を設定した。学習では体験的活動を多く取り入れ，身近な生活にコンピューターが活用されていることや，プログラミング，ロボットの動かし方についてのことを楽しみながら学習させたい。

5　学習指導計画(全5時間)

※「研究主題との関連」欄の《めあて》は「主体的・対話的で深い学びのあるめあて学習」を，《プロ学》は「アンプラグド，プログラミング言語入力，ロボディクスといったプログラミング学習」を表しています。

次	時	◎ねらい	○主な学習活動	研究主題との関連	★評価規準
1	1	◎ロボットを動かすプログラミングを作るというめあてを知り，学習への意欲を高める。	○意図した動きをするロボットと，上手く動かないロボットの動画を見て話し合いをする。	ロボットを動かすためにはプログラミングが必要なことを知る。《めあて》	★コンピュータはプログラムで動いていることを知ることができる。【知】
2	2	◎身近な生活でコンピュータが活用されていることに気付く。	○ボタンを押されたら決められた動きをすることを通して，コンピュータはプログラムで動いていることを知る。	コンピュータはプログラムで動いていることを知る。《プロ学》	★コンピュータはプログラムで動いていることを知ることができる。【知】
	3	◎目的に合わせて必要な要素を選択肢から選ぶことができる。	○友達に動きを操作してもらう活動を通して，大きな動きはいくつかの小さい動きに分けられることを知る。	分割した動きから，適切な側面・性質だけを選び出すことができる。《プロ学》	★動きを抽象化して相手に伝えようとしている。【学】
	4	◎物事には手順があることに気付く。	○手順が間違えている作業をすることを通して，順序がある場面があることを知る。	物事には手順があることを知り，正しい手順に直すことができる。《プロ学》	★物事には手順があることに気付くことができる。【思】
3	5（本時）	◎目的に合わせて適切な手順を考えることができる。	○ゴールへ5マスでたどり着くために適切な道順を考えることができる。	目的に合わせて適切な手順を考えることができる。《プロ学》	★目的に合わせて適切な手順を考えることができる。【思】
	6	◎目的に合わせて適切な手順を考えることができる。	○友達をゴールへたどり着かせるための道順を考えることができる。	目的に合わせて適切な手順を考えることができる。《プロ学》	★目的に合わせて適切な手順を考えることができる。【思】

7　本時の学習（5／6）

(1) 目標

○ゴールに5マスでたどり着くという目的に合わせて，道順を考えることができる。

(2) 活用するICT

・大型テレビモニター，タブレット型端末

(3) 研究主題に迫るための手だて

○ワークシートに道順を記す活動をすることによって，手順を考えることができるようにする。《プログラミング的思考》

○ロボットがこのフィールドを移動する動画を視聴することによって，課題把握と意欲の向上を図る。《めあて学習》

(4) 展開

時間	○学習活動　・予想される児童の反応	研究主題に迫るための手だて	★評価
0	○見通しをもつため，教員の説明を聞いてから用意された場で自由に活動する。 ・たくさんの島を歩くことができたよ。 ・さっきと違う道を通ってみよう。	タブレット型端末 大型テレビモニター	
5	○課題把握のための動画を見る。	・大型テレビモニターを使用した問題提示による問題把握と意欲の向上を図る。《めあて》	
8	○本時の課題をつかむ。		

	みちじゅんをかんがえて，ゴールまですすもう。		
13	○練習用コースでルールを確認する。 ○用意されたコースで動きながら道順を考え，ゴールに着いたらワークシートに道順を記入する。 ・こっちの道を通ると5マスで行くことができない。 ・今使った道とは違う道でも5マスで行くことができそう。	・手持ちのワークシートと，ゴール後に記入するワークシートと2つ用意することで，5マスでゴールにたどり着くためには，どのような道を通らなくてはいけないかを考えさせる。《プログラミング的思考》	★意図した活動を実現するための手順を作ろうとしている。【思】
25	○島をつなげている橋の数を減らしたコースを作り，自分の課題に合わせて活動する。		★目的を意識して最後までやり遂げようとしている。【学】
40	○学習の振り返りをする。 道順を考えることが楽しかった。 5マスで行くことができる道がたくさんあった。 ロボットを早く使って動かしたい。		

(5) 板書計画

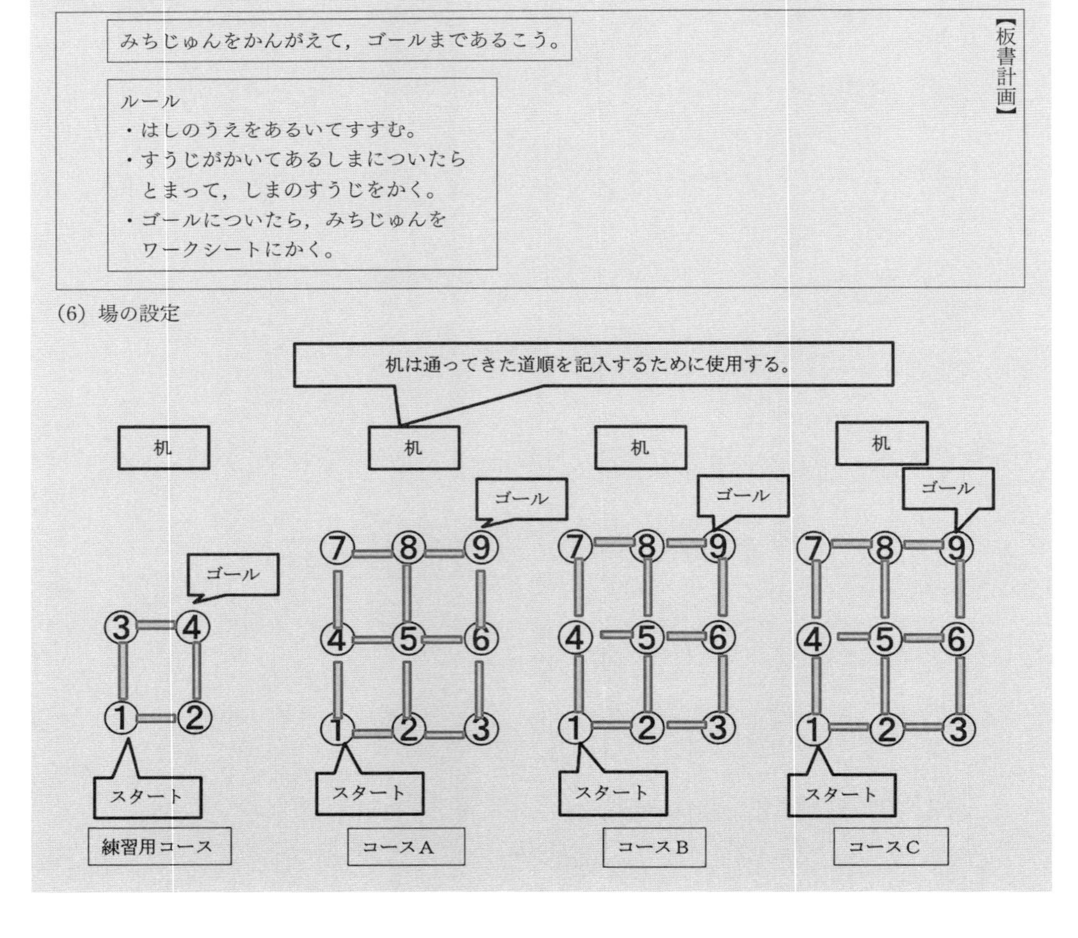

【本授業のポイント】

特別支援学級の授業実践では，「ロボットの動かし方を知る活動を通して，問題の解決には必要な手順があることに気が付くことができる。」ことを目標に，「ロボットの動かし方を知ろう」の単元を設定しました。コンピューターを活用したロボットを動かすプログラミング教育を行う前に，アンプラグドのプログラミング教育として，「ゴールに5マスでたどり着くという目的に合わせて，道順を考えることができる。」を目標とする本時の授業を設定しました。「デコンポジション」「アルゴリズム的思考」「評価」を意識した授業デザインでした。

スタート（①番）からゴール（⑨番）までの道順を予想しながら（デコンポジション），実際に歩いて確かめ（アルゴリズム的思考）（図6-23），ゴールに到着後，改めて自分が歩いてきた道順を確認しました（評価）（図6-24）。最後に，皆がどのような道順で歩いたかを情報共有することで，さまざまな手順があることを理解しました。特別支援学級の子供たちにとって，実際に歩く体験活動が手順の確認に有効です。

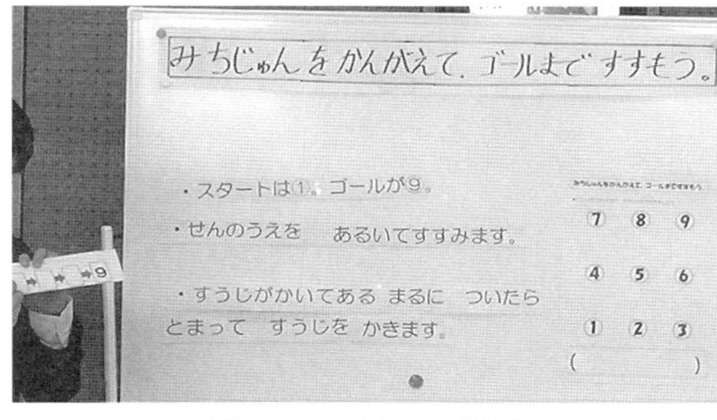

図6-21　めあての確認

図6-22　歩き方の確認

図6-23　道順を考えて実際に歩く体験

図6-24　歩いてきた道順を確認

6.5.2　コンピューターを活用した授業実践例

(1) 第3学年 総合的な学習の時間（中央区立阪本小学校）

第3学年　総合的な学習の時間学習指導案

平成30年11月6日（火）5校時
中央区立阪本小学校　3年1組教室　25名
授業者　齋藤　睦

1　単元名「阪本かいぜん隊」

2　単元の目標
・学校生活の改善について考え，課題を見つけて進んで調べることができる。
・活動を通して分かったことを，相手にわかりやすく工夫して伝えることができる。
・身近な生活を振り返って，センサーを使って身のまわりの環境をよりよくする方法を考え表現することができる。

3　単元の評価規準

課題設定の能力	問題解決の能力	学び方，ものの考え方	学習への主体的，創造的な態度
○学校の環境に興味をもち，自分なりの課題を見つけることができる。	○課題解決の方法や手順を考え，繰り返し確かめることで問題を解決していくことができる。本や資料を探したりして進んで調べ解決することができる。	○自分から進んで活動に取り組み，友達と協力して互いに高め合うことができる。友達との情報交換を通して自分の考えを深めることができる。	○自分が考えた事を工夫してまとめ，友達にわかりやすく伝えようとする。

4　単元（教材）について
高学年に向けてよりよい学校生活とは何かを考えるようになっていってほしいと考える。しかし，学校全体を視野に入れ，よりよい学校生活について考える児童は少ない。そこで，本単元では，学校生活のさまざまな問題点を調査し，必要な改善策を考えさせ，それを広めるという活動を行う。また，その中で，LEGO® WeDo 2.0のセンサー機能などを使い，プログラミングを用いて解決する方法はないかと考えさせる。
児童がプログラミングを活用してよりよい学校生活に向けて考えるなかで，試行錯誤をし，工夫を凝らして，「こんなふうにすると，こうなる」「今度はこうしてみよう」などと，視点をもった見方がもてるようにしたい。また，友達と関わりながら，よりよい解決策を目指して，協働的に学ぶ力を身に付けさせたいと考えた。

5　プログラミング教育の視点

知識・技能	思考力，判断力，表現力等	学びに向かう力・人間性等
○身近な生活の中でセンサーが活用されている場面や活用できる場面を自ら見出し，その仕組みに気がつくことができる。	○LEGO® WeDo 2.0 に意図した活動を実現するための手順をつくることができる。	○LEGO® WeDo 2.0を通して学んだコンピューターの働きを，よりよい学校生活を目指す中でどのように活用できるかを考えようとする。

6 指導計画

時数	ねらい	●学習活動　・児童の反応	○支援・留意点 ☆教科等の評価（評価方法） ★プログラミング教育の視点に関わる評価（評価方法）	◇ICTの活用形態 ◆プログラミング教育の視点に立った留意点
1	学校の不便なところを知る	●学校環境で不便なところを自分たちで考えたり，いろいろな先生方に聞きに行ったりする。 ・音がうるさい，響きやすい。 ・扉が勢いよく開閉する。 ・校庭にいろいろな人が入ってくる。 ・クーラーの効きが均等でない。 ・廊下にゴミが落ちている。	○不便な点が重複しないよう，先生の担当をきめて，その先生が不便に感じているところを調べさせる。 ☆学校の環境に興味をもち，自分なりの課題を見つけることができる。（ワークシート）	
2	学校の不便なところの改善策を全体で考える	●調査した不便を感じるところは，どんな改善の仕方があるか考える。 ・センサーをつけると改善できることが多そうだ。 ・ポスターで呼びかけるといい。 ・何かを作って改善するとよい。	○センサーを使った改善策があることに気がつかせる。 ☆課題解決の方法や手順を考えることができる。（発言・ワークシート）	◆問題を解決するためには計画（アルゴリズム）が必要であることを体験的に理解する。
3 4（本時） 5	LEGO® WeDo2.0のマイロのモーションセンサーを作ることで，プログラミングについて学ぶ	●マイロのモーションセンサーを使って学校環境を改善しよう。 （マイロ……LEGO® WeDo 2.0内にあるロボットの一つ） ●学校環境をよりよくできるマイロのモーションセンサーのプログラムを作る。 ●プログラムに従ってマイロを動かし，よりよい動きになるように改善していく。	○プログラミングをする目的をしっかりと押さえる。 ★一つ一つの手順を話し合ってよりよく修正することができる。（ワークシート・マイプロジェクト） ★手順通りに動かないときにはバグの修正を行っている。（マイプロジェクト） ☆友達との情報交換を通して自分の考えを深めることができる。	◇LEGO® WeDo 2.0 使用者：②児童 場面：（協働学習）C3．協働制作 ハード：タブレットPC（2人1台） ソフト：skymenu LEGO® WeDo 2.0
6	世の中で使われているセンサーについて調べる。	●世の中で使われているセンサーを調べる。 ・自動ドア ・自動改札機 ・空気清浄機 ・自動で付く電気 ・自動販売機	☆世の中で使われているセンサーを調べている（発言・ワークシート） ★センサーとはどんな働きをするのかという説明ができる。（発言・ワークシート） ○センサーはプログラミングをすることで正確に動いていることを考えさせる。	◆自分たちの身の回りにもプログラミングが生かされているものがあることを知る。 ◇検索エンジン 使用者：②児童 場面：（個別学習） B2．調査活動 ハード：タブレットPC（1人1台） ソフト：skymenu

7	調べてきたセンサーがどんな動きをするものかを調べる。	●調べてきたセンサーがどんな働きをするものなのかを調べる。	○センサーにはものを感知するものだけでなく，温度，光，音などさまざまあることを考えさせる。 ☆調べたセンサーをがどんなものなのかを考えている。（ワークシート）	◇検索エンジン 使用者：②児童 場面：（個別学習） B2．調査活動 ハード：タブレットPC（1人1台） ソフト：skymenu
8 9	よりよい環境の学校を作るために今後，このセンサーをどのように使っていけるか考える。	●それぞれのグループが聞いてきた学校環境の不便なところを解決するロボットを考える。 ・模造紙にセンサーを使った解決案を考えて書く。 ○模造紙にまとめた考えを発表し合う。	○調べたセンサーの技術を使い，よりよい学校生活の空間を考えさせる。 ★センサーを使って学校生活をよりよくする方法を考えている。（発表・ワークシート） ☆友達にも分かるように工夫して自分の考えをまとめることができる。（模造紙） ☆自らの取り組みを通して，学校生活の中で自分たちにできることを考える。	

7　本時の指導計画（4／10）

（1）目標

○マイロのモーションセンサーを使って学校の環境をよりよくする方法を考えることができる。

（2）プログラミング教育の視点

○LEGO® We Do2.0に意図した活動を実現するための手順をつくることができる。

（3）展開

時間	●学習活動　・児童の反応	○支援・留意点 ☆教科等の評価〔評価方法〕 ★プログラミング教育の視点に関わる評価〔評価方法〕	◇ICTの活用形態 ◆プログラミング教育の視点に立った留意点
導入 3分	●課題を把握し，学習の見通しをもつ。 マイロのモーションセンサーをつかって， 学校環境を改善するロボットをつくろう。		
展開 32分	●マイロのセンサーを使う目的を確認する。 ●グループの友達と予想したプログラムを見せ合い，タブレットにプログラムを入力する。 ・プログラムの途中でとまってしまった。 ・マイロが走ったままで止まらない。 ●試行錯誤をくり返してプログラミングをする。	○今までに使った機能をつかってマイロを動かすことを伝える。 ★一つ一つの手順を話し合ってよりよく修正することができる。（ワークシート・マイプロジェクト） ★手順通りに動かないときにはバグの修正を行っている。（ワークシート）	◇LEGO® WeDo 2.0 使用者：②児童 場面：（協働学習）C3．協働制作 ハード：ロ．タブレットPC（2人1台） ソフト：a．skymenu LEGO® WeDo 2.0 ◆よりよいものをつくるには，デバッグが有効であることを体験を通して理解する。

	・このアイコンを使ったらうまく走ったね。 ・ここの数字を3にするといいね。 ●他のペアが考えたプログラミングを見て回る ・ゴミを2個拾えるものになっている。 ・ループ機能を使っている。 ●自分たちのプログラムに取り入れるとよいものはないか考える。 ・ゴミを3個，感知するものにしよう	☆友達との情報交換を通して自分の考えを深めることができる。(ワークシート)	
まとめ 10分	●ワークシートに振り返りを書く。	○時間を確保し，気付きを確かなものにさせ，次時の見通しをもたせるために，「今日やってみて思ったこと」「次やりたいこと」「よりよくなったところ」を書かせる。	

(4) 板書計画

11月6日（火）
「阪本かいぜん隊」

マイロのモーションセンサーをつかって，学校環境を改善するロボットをつくろう。

今日の流れ
1 個人で考えたプログラムをためす。
↓
2 となりの人と相談する。
↓
3 クラス全体で意見を交かんする。
↓
4 もう一度，自分のプログラムを考える。

（アイコンの説明をした模造紙）

（アイコンの説明をした模造紙）

【本授業のポイント】

中央区立阪本小学校第3学年の総合的な学習の時間では「学校生活の改善について考え，課題を見つけて進んで調べることができる」「活動を通して分かったことを，相手にわかりやすく工夫して伝えることができる」「身近な生活を振り返って，センサーを使って身のまわりの環境をよりよくする方法を考え表現することができる」の目標を設定しました。本時では，「マイロのモーションセンサーを使って学校の環境をよりよくする方法を考えることができる」という目標を設定し，探究的な学習の位置づけとして，コンピューターを活用したプログラミング教育を実践しました。具体的には，身の回りの問題として，主事さんのゴミ拾いの作業を減らすために「廊下にゴミが落ちているゴミを拾うロボットを作りたい」という前時の児童の意見をもとに本授業が展開されました。計算論的思考（表3-1）の概念は，「抽象化」「デコンポジション」「アルゴリズム的思考」「評価」を意識し，個人でプログラムを考える場面（図6-26）や考えたプログラムを作成（図6-27），試行錯誤しながら評価，共有する場面（図6-28）で活かされました。

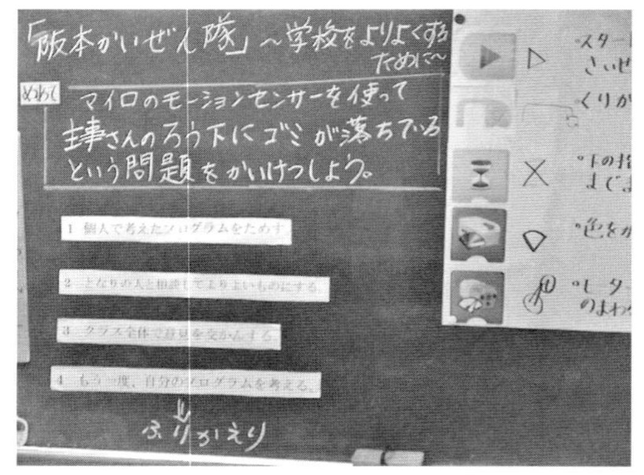

図6-25　めあての確認

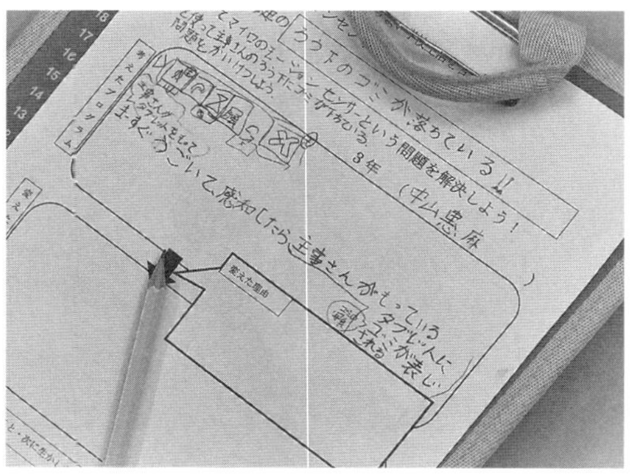

図6-26　個人で考えたプログラム

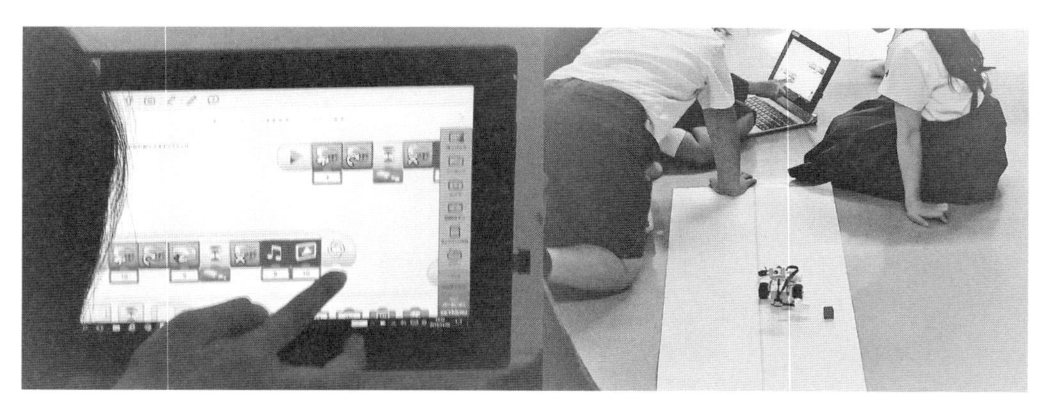

図6-27　考えたプログラムの作成

図6-28　プログラムの評価と共有

(2) 第3学年 総合的な学習の時間（足立区立西新井小学校）

第3学年　総合的な学習の時間指導案

平成30年9月13日（木）
5校時　13:30～14:15
場所　ランチルーム
3年2組　31名
授業者　　郡司　鏡子

第3学年　総合「救助ロボット」を作ろう！

1　単元目標

■目標
○プログラミングを通して，自ら課題を見付け，よりよく問題を解決するための論理的な考え方を身に付けるとともに，社会に積極的に貢献しようとする態度を養う。

■プログラミング教育の視点
○課題解決のために，試行錯誤を繰り返しながら，プログラムを分割したり，組み合わせたりして論理的に考え，プログラミングすることができる。

2　単元の評価規準

(1) 本校の評価の観点に則った評価規準

情報活用能力	課題解決のためのプログラミングを通して，筋道を立てたり，物事を整理したりする論理的な考え方を身に付けるとともに，社会のために自分にできることがあることに気付き，積極的に貢献しようとしている。

(2) プログラミング的評価規準

知識・理解	思考・判断・表現	学びに向かう力・人間性等
・プログラミングとは何かを知り，社会ではさまざまな製品やシステムがプログラミングされ，働いていることを理解している。 ・課題解決に向けて，筋道を立てたり，整理したり，プログラムを改善したりして論理的な考え方をしている。	・自分が考えた処理をロボットに行わせるためにプログラムを組んでいる。 ・課題解決のために筋道を立てたり，整理したり，改善したりしながら，プログラミングをしている。	・課題解決に向けて，友達と協力し，最後まで粘り強く考えることができる。 ・救助ロボットをプログラミングすることを通して，自分にできることがあることに気付き，意欲的に取り組もうとしている。 ・プログラミング的思考のよさに気付くことができる。

3　単元について

プログラミング教育について

本単元は，株式会社アーテックのアーテックロボを使用して行う，プラグド型のプログラミング教育である。今回は「ロボットカー」を用いて学習を行うが，この他にもアーテックロボは「信号機」「自動ドア」「仕分けロボット」「二足歩行ロボット」など，ブロックの組み合わせ次第でさまざまなロボットを作ることができ，学年の実態に応じてプログラミング教育を進めることができる。「ロボットカー」を用いたのは，命令がそれほど難しくなく，プログラミングの基礎を学ぶのに適していると判断したからである。ブロック（命令）を組み合わせたり，移動したり，削除したり，位置を入れ替えたりしながら，ロボットにプログラミングをしていく。できあがったプログラムでロボットを試運転し，うまくいかないところの要因を考えてデバッグし，再度プログラムを組み立て，試運転を行う。この試行錯誤を繰り返し，問題解決にあたるのがプログラミング教育の特徴である。物事の手順を整理したり，分解したりして，どのように進めていけば問題が解決されるかというプログラミング的思考を身に付けることで，情報活用能力に含まれる情報の科学的な理解・情報活用の実践力・情報社会に参画する態度の資質能力の育成をねらいとしている。

4　指導計画

時間	主な学習活動	プログラミング教育の視点に立った留意点
1	●プログラミングとはどういうものか知り，学習の見通しを立てる。	○児童がプログラミングの意味や「救助ロボット」を作る最終目的を知り，学習の見通しをもたせる。
2	●アプリ内の指示に従って，プログラミングの仕方を体験的に知る。	○「プログラミングゼミ」のアプリを使って，児童が体験的に学べるようにする。
3	●キャラクターを自分が意図したように動かせるよう，プログラミングをする。	○試行錯誤をしながら，プログラミングをしていく体験をさせる。
4	●ロボットの扱い方とプログラミングの仕方を知る。	○ロボットを前後に進めたり，右に曲がらせたりするためにはどんなプログラミングをすればよいか考えさせる。
5	●ロボットを目標地点（直線）に移動させるプログラミングを考える。	○目標地点にぴたりとロボットを移動させるためには，どのようなプログラミングが必要か考えさせる。
6 本時	●ロボットを目標地点（L型）に移動させるプログラミングを考える。	○2つの目標地点に移動させ，かつ2つの目標地点に3秒とどまるためにはどのようなプログラミングが必要か考えさせる。
7	●条件分岐に合わせてロボットを目標地点に移動させるプログラミングを考える。	○条件分岐の際には，どのようなプログラミングが必要か考えさせる。
8	●身の回りにプログラミングされているものを探し，発表する。	○身の回りにはプログラムされているさまざまなものがあり，私たちの生活をよりよいものにしてくれていることに気付かせる。

5　本時について

■目標
　○プログラミングを通して，筋道を立てたり，物事を整理したりして考えることができる。
■プログラミング教育の視点
　○ロボットに意図した処理を行わせるために必要なプログラムを作る。

	●主な学習活動	○支援・留意点　☆教科等の評価（評価方法） ★プログラミング教育の視点に関わる評価（評価方法）
帯時間3分	●前時のプログラムを振り返る。 第七中学校にしえんぶっしをとどけよう。	○タブレット，ロボットを3人に1台ずつ用意する。 ○前時でうまくいったグループのプログラムを掲示する。（テレビに投影）
導入2分	●条件を確認する。 ・ルートは2通り。 ・曲がり角がある。 ・通行止めの場所がある。	○実際に動かす場所を示しながら確認する。（模造紙に描いた町）

展開33分	●グループ（3人）の友達と予想したプログラムを見せ合い，タブレットにプログラムを入力する。(7分) ●試行錯誤を繰り返し，プログラミングをする。 (25分) ・プログラミング→試運転→デバッグ→プログラミング→試運転→デバッグ…	☆筋道を立て，条件等を整理しながらプログラミングをしている。(ワークシート) ○必ずグループ全員の考えたプログラムを試すよう，声を掛ける。 ○試運転する場所を4か所作っておく。 ○デバッグしたことをワークシートに書いたプログラムにも赤で書き込ませる。 ★試行錯誤しながら，ロボットに自分が意図した処理を行わせるために必要なプログラムを作っている。(観察・ワークシート)
まとめ7分	●ワークシートに振り返りを書く。	○何人かの振り返りを取り上げ，取り上げたグループのプログラムを掲示し，実演させる。

6　板書計画

めあて

プログラミングとは…

第七中学校にしえんぶっしをとどけよう。

前時でうまくいったプログラムの組み合わせの例

前進のプログラム

右に曲がるプログラム

左に曲がるプログラム

【本授業のポイント】

足立区立西新井小学校第3学年の総合的な学習の時間では，かねてより取り組んでいた防災教育の一環として，「「救助ロボット」を作ろう！」の単元を設定し，ロボットプログラミングの実践を行いました。コンピュテーショナルシンキングの概念は，「抽象化」「デコンポジション」「アルゴリズム的思考」「評価」を意識し，個人で考えたプログラムを作成（図6-31)，これを試行錯誤しながら評価，共有する場面（図6-32）で，これらの概念が活かされました。

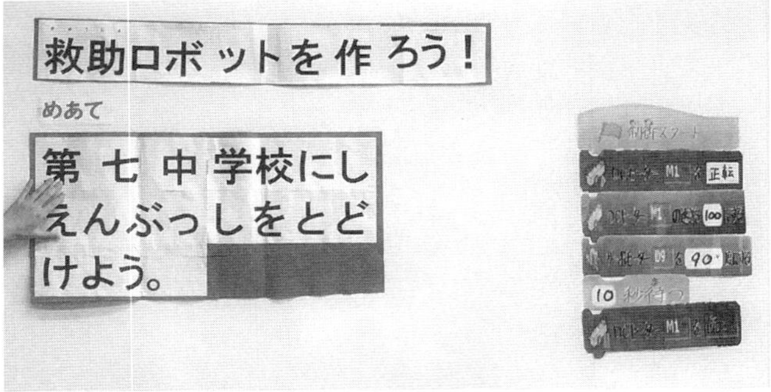

救助ロボットを作ろう！
めあて
第七中学校にしえんぶっしをとどけよう。
図6-29　めあての確認

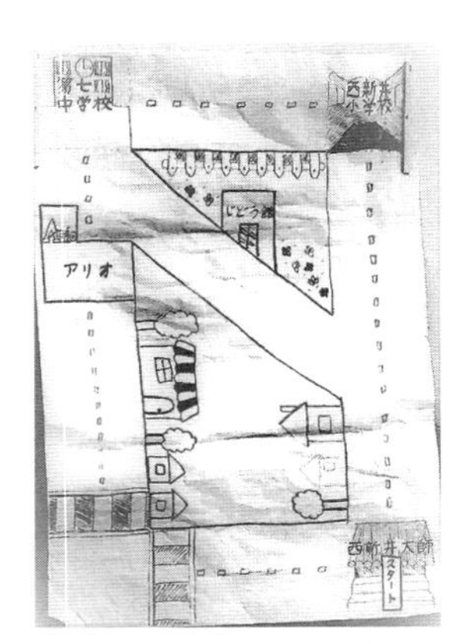

アリオ
図6-30　マップ

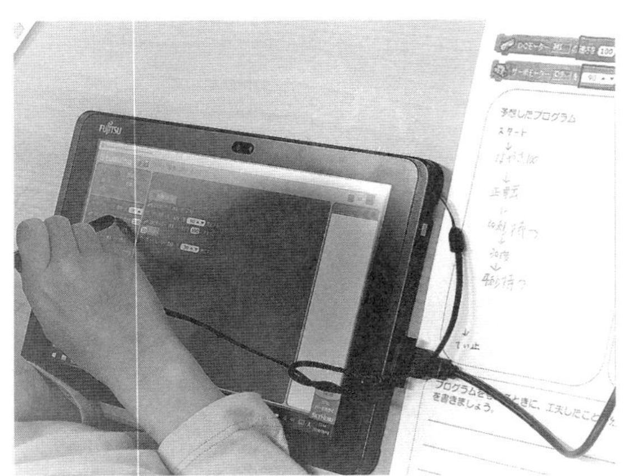

図6-31　個人で考えたプログラムの作成

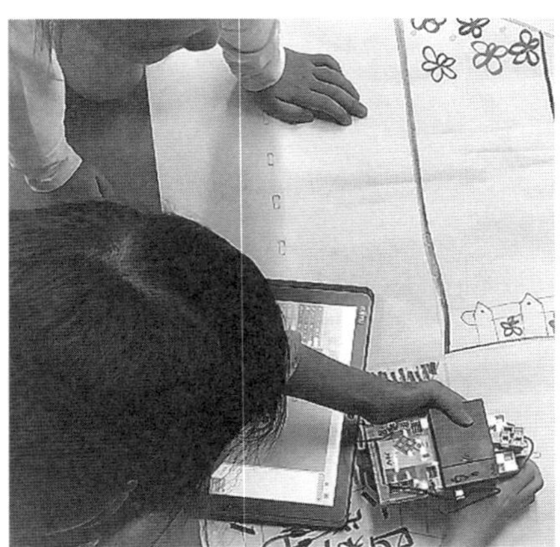

図6-32　プログラムの評価と共有

(3) 第6学年 総合的な学習の時間（荒川区立第二日暮里小学校）

第6学年　総合的な学習の時間　学習指導案

平成30年10月22日（月）5校時
6年1組　30名
指導者　木下　ひとみ

研究主題	問題を解決するために論理的に考えていく児童の育成　～プログラミング教育を通して～

1　単元名　　未来ロボット開発会社　～よりよい社会を目指して～

2　単元の目標

- 友達との試行錯誤や学び合いを通して，問題の解決には必要な手順・手立てがあることを理解し，論理的思考力を身に付ける。
- コンピューターの働きをよりよい社会づくりに生かそうとする態度を養う。

3　評価規準

	単元に関する関心・意欲・態度	自ら課題を見付け学習を見通す力	主体的に判断し問題解決する力	学習を振り返り自らの生活に生かす力
単元の評価規準	課題解決に向けて，意欲をもって最後まで粘り強く考えている。	解決すべき課題を見付け，一連の活動手順を整理したり，言葉や図などで表現したりしている。	課題解決や相互理解のために，主体的に対話や図，テキストなどで表現している。	プログラミングによって実現されることやプログラミング的思考の良さに気付き，生活に生かそうと考えている。
学習活動に即した具体的な評価規準	①課題を実現するためのプログラムやプレゼンテーションを考えることに興味をもっている。（プ3－①） ②友達と教え合い学び合いながら主体的に学習に取り組んでいる。	①プログラムを組んだり，プログラムからロボットの動きを予想したりしている。（プ2－③） ②課題を実現するために，必要な手順を見出し活動している。（プ2－①） ③プログラムは，順次・繰り返し・条件分岐の組み合わせで構成されていることに気付いている。（プ1－②）	①班活動の中での自分の役割や活動の手順を理解し，自ら対話や図，テキストなどで，自分の考えを伝えようとしている。（プ3－②） ②意図する一連の活動を実現するために，必要な手順があることを知り，さまざまな事象を論理的に考え表現している。（プ1－③）	①コンピュータなどの情報技術を，よりよい人生や社会づくりに生かそうとしている。（プ3－③） ②「人間らしさ」「人間にしかできないこと」など自分の生き方を考えている。

4　単元の設定理由

本単元は，学習指導要領（平成29年告示）総則編第1章第3の1(3)「イ　児童がプログラミングを体験しながら，コンピューターに意図した処理を行わせるために必要な論理的思考力を身に付けるための学習活動」を受けて，設定したものである。本校での「プログラミング学習」の取り組みは2年目となる。昨年度，一から築いた学習計画や学習内容を本校の財産として今年度にも生かしながら学習を深めていくことを目指す。

今回「未来ロボット開発会社」という単元を設定した。この単元を設定するにあたり，当初は，昨年度の6年生で実践した「Make the story（メイク　ザ　ストーリー）」を，課題を改善しながら引き続き実践することも考えられた。しかし6年生では，物語の世界で終わるのではなく，現実社会に目を向けさせ，「情報技術が私たちの生活を便利にしていること」「コンピューターやAI，ロボットなどの活用によって私たちの生活がより快適になり，効率的になっていること」などについて考えさせたいという願いから「未来ロボット開発会社〜よりより社会を目指して〜」という単元を設定した。

未来の社会において，ロボットがどのような場面において私たちの生活をよりよくできるかを班ごとに考え企画・開発する。その際，現代社会の具体的な課題などについて情報収集させ，ロボット企画の根拠を明確にし，課題設定を確実に行わせる。今回はロボットの技能向上を追求するだけではなく，ロボットの苦手な作業，人間にしかできない作業，最終的にはロボットを動かすにも人間の考えや力が重要であることなどに気付かせ，理解させたい。

また，今回もLEGO® のWeDo 2.0を教材として使用する。子供たちが考える未来のよりよい社会をWeDo 2.0で視覚化させることで，自分たちや友達の理解を深めたり，他者への説明場面に活用できたりと単元の目標を達成する上で有効な教材になると考える。

5　指導計画（全14時間）

次	時	・主な学習内容	○指導上の留意点　☆支援	評価【観点】［評価方法］
1 つかむ・さわる	① ②	プログラミングや身近なコンピューターやロボットについて知ろう。		
		・「ルビィのぼうけん（困ったこと）」の練習問題に取り組む。 ・生活の中でのプログラムについて想起する。（災害・福祉・AI・IoTなど） ・「二日小の約束」など基本的な学習ルールについて再確認する。 ・WeDo 2.0で16種類のいずれかを選んで組み立て，基本的な機能を知り「未来ロボット」の参考にする。	○アンプラグドの活動を導入で行うことで，「プログラミング学習≠ロボットを動かす」「何事にも手順が大切であること」を理解させる。 ○「ロボットの得意なこと」「人間の得意なこと」「未来のよりよい社会」について考える時間を設け，単元を通して意識させる。 ○WeDo 2.0を扱う際の，基本的な約束「二日小の約束」「3人の役割分担」を確実におさえる。 ○「二日小の約束」など全学年共通で使える掲示物は拡大掲示する。 ○16種類のロボットを参考に「人の生活に役立つ未来ロボット」を考えさせる。2台のWeDo 2.0が使用可とする。 ☆ペアリングの設定はできるだけ事前に済ませておく。 ☆話し合いが進まない班には，現在，実際にロボットが活躍している分野や場面などを個別に紹介する。	【単元に関する関心・意欲・態度②】友達と教え学び合いながら主体的に学習に取り組んでいる。 ［活動・ワークシート］ 【学習を振り返り自らの生活に生かす力（プ3−③）】コンピューターなどの情報技術を，よりよい人生や社会づくりに生かそうとしている。 ［活動・ワークシート］

2 調べる	③ ④	よりよい社会を目指して，未来ロボットを企画しよう		
		・現代社会の課題について図書資料やインターネットで調べ，ロボットが活躍できそうな場面を考えさせる。 ・ロボットの企画書作り（便利，安全，調査などテーマ等を決める。） ・プレゼン方法についても，図書使用を活用しながら考える。	○ロボット企画が空想の世界で終わらないよう始めに課題設定を行わせる。 ○まず，企画書に自分たちの考えをまとめさせる。 （企画書に書く主な内容…現代社会のどんな課題に役立つのか・情報元・ロボット名・元にするモデルライブラリ・活躍場面・機能・用途・苦手なこと・人間の手助けが必要なこと・今後の学習計画・プレゼン方法） ○図書司書と連携し，図書資料も事前に用意する。 ☆企画書作りが進まない班への個別支援を行う。まずは，現代社会の課題を考えさせ，そこでロボットが活躍できる場面を話し合わせる。	【単元に関する関心・意欲・態度（プ3－①）】課題を実現するためのプログラムやプレゼンテーションを考えることに興味をもっている。 ［活動・ワークシート］ 【学習を振り返り自らの生活に生かす力（プ3－③)】コンピューターなどの情報技術を，よりよい人生や社会づくりに生かそうとしている。 ［活動・ワークシート］
3 考える・なおす	⑤ ⑥	学習サイクルを意識して，ロボットにプログラミングしよう		
		・企画書に沿って，ロボットを組み立て，プログラミングを行う。 ・毎時間の学習サイクルを共通理解する。 【①活動予定の確認→②話し合い→③進行状況の報告→④活動の反省】	○3人の役割分担を明確にするとともに，3人で共通理解を図る時間も確保する。WeDo 2.0の組み立ては1台ずつ。 ○「話し合い」のサイクル①～⑤を意識させ，班全員で話し合わせる…【①こんなふうに動かしたい（プラン）→②プログラムを組む（プログラミング）→③ロボットを動かしてみる（実行）→④考えた動きと何が違うか（検証→⑤次の目標を立てる（改善）】 ○毎時間，役割分担はローテーションさせ，どの児童も全ての活動にかかわるようにする。 ○プログラムを組むときは，「手書きアイコン」を活用する。（「手書きアイコン」の拡大掲示を用意する。） ・基本的に活動場所は各班，長テーブルとし，必要があればフィールドに移動して，WeDo 2.0を動かす。	【自ら課題を見付け学習を見通す力（プ2－③)】プログラムを組んだり，プログラムからロボットの動きを予想したりしている。 ［ワークシート・発言］ 【自ら課題を見付け学習を見通す力（プ1－②)】プログラムには，順次・繰り返し・条件分岐の組み合わせで構成されていることに気付いている。 ［ワークシート・発言］

3 考える・なおす	⑦ ⑧	学習サイクルを意識して，ロボットにプログラミングしよう		
		・企画書に沿って，ロボットを組み立て，プログラミングを行う。	○基本的に前時と同様の流れで学習を進める。 ○学習の始めに，必ず班全員で活動予定，活動手順，役割分担を確認させる。 ○プログラムを修正したり，変更点がある場合は，必ず企画書に書き込むようにさせる。 ☆前時までの進み具合を確認しておき，個別支援を必要とする班を把握し，対応出来るようにしておく。	【自ら課題を見付け学習を見通す力（プ2―①)】課題を実現するために，必要な手順を見出してから活動している。［発言・ワークシート］ 【主体的に判断し問題を解決する力（プ3－②)】班活動の中での自分の役割や活動の手順を理解し，自ら対話や図，テキストなどで，自分の考えを伝えようとしている。［活動・ワークシート］
	⑨ ⑩	よりよい社会を目指すために考えたことを，より明確に伝わるように工夫しよう		
		・企画書に沿って，ロボットを組み立て，プログラミングを行う。 ・プレゼンに向けて準備を進める。	○基本的に前時と同様の流れで学習を進める。 ○プログラムを検証させる際は「ブロックの順番が正しいか」「ブロックの選択は正しいか」「繰り返しが合っているか」を確認させる。 ○正解はひとつではないが，できるだけ「シンプルに」「分かりやすく」プログラムを組むよう全体で確認する。 ○ロボットのプログラミングが完成した班からプレゼンの準備に取り組ませる。	【主体的に判断し問題を解決する力（プ3－②)】班活動の中での自分の役割や活動の手順を理解し，自ら対話や図，テキストなどで，自分の考えを伝えようとしている。［活動・ワークシート］ 【主体的に判断し問題を解決する力（プ1－③)】意図する一連の活動を実現するために，必要な手順があることを知り，さまざまな事象を論理的に考え，表現している。［活動・ワークシート］
	⑪	よりよい社会を目指すために考えたことを，より明確に伝わるように工夫しよう		
		・各班の現状を報告し合う。 ・自分たちの課題点・改善点を中心に解決を図りながらプレゼンに向けて準備をする。	○この時間は，始めに，各班の現状を報告し合い，お互いの情報交換の時間となるようにする。 ○お互いからのアドバイスなどを自分たちの検証事項として，よりよい社会を明確に伝えられることが目的であることを，再度全体で確認する。	【主体的に判断し問題を解決する力（プ3－②)】班活動の中での自分の役割や活動の手順を理解し，自ら対話や図，テキストなどで，自分の考えを伝えようとしている。［活動・ワークシート］ 【主体的に判断し問題を解決する力（プ1－③)】意図する一連の活動を実現するために，必要な手順があることを知り，さまざまな事象を論理的に考え，表現している。［活動・ワークシート］

	⑫本時	よりよい社会を目指すために考えたことを，より明確に伝わるように工夫しよう		
		「未来ロボット」報告会に向けて，班ごとに手順に沿って最終確認をする。 ・プレゼン中の役割分担を決めて練習を行う。	○「未来ロボット」の報告会に向けて，最終確認の手順を全体で確認する。 ○発表時の役割分担を確実に決めさせ，より分かりやすい発表となるように意識させる。 ○TPCの不具合など突然のトラブルが起こった場合も想定させ，発表練習を行わせる。 ☆最終確認がスムーズに進まない班に個別に支援を行う。	【主体的に判断し問題を解決する力（プ3−②）】班活動の中での自分の役割や活動の手順を理解し，自ら対話や図，テキストなどで，自分の考えを伝えようとしている。［活動・ワークシート］ 【主体的に判断し問題を解決する力（プ1−③）】意図する一連の活動を実現するために，必要な手順があることを知り，さまざまな事象を論理的に考え，表現している。［活動・ワークシート］
4伝える	⑬⑭	未来ロボット開発報告会をしよう　　よりよい社会について考えよう		
		・「未来ロボット」報告会 ・「よりよい社会」や「自分の生き方」について考える。 ・振り返り・まとめ	○発表を聞く側には，ワークシートに感想や良かった点，アドバイスなどを書かせる。 ○よりよい社会や自分の生き方について考え，ワークシートにまとめる。 ○本単元全体を通した振り返り	【学習を振り返り自らの生活に生かす力②】「人間らしさ」「人間にしかできないこと」など自分の生き方を考えている。［ワークシート・発言］ 【学習を振り返り自らの生活に生かす力（プ3−③）】コンピュータなどの情報技術を，よりよい人生や社会づくりに生かそうとしている。［ワークシート・発言］

6　本時について（12/14時間）

(1) 目標

・よりよい社会を目指すために考えたことを，より明確に伝えられるように工夫することができる。

(2) 展開

時	・学習活動　C 予想される児童の反応 T　教師の発問	○留意事項　☆支援　【　】評価 ◆ICT機器活用の例　★プログラミングの視点
導入5分	活動予定の確認 ・本時のめあてを確認	○事前に，各班のロボット組み立て等の会場準備を済ませておく。TPC（銀）の用意も確認。
	よりよい社会を目指すために考えたことを，より明確に伝えられるように工夫しよう	
	T　今日は，次回の報告会に向けて最終準備･確認の時間です。「より明確に伝えられるように工夫する」とは，どのような工夫があるでしょうか？ （例：WeDo 2.0で何をどこまで説明するか？ 分かりやすい言葉，キャッチコピー プレゼンテーションソフトの工夫 電子黒板で動画や画像を見せる工夫 3人の役割分担を明確にする　など）	◆WeDo 2.0のアプリのペアリングを済ませておく。 ○より明確に伝えられる工夫は，どのようなものがあるか，全体で確認する。 ○簡単な話型も例として示す。 ★学習の流れ・話し合いサイクルを提示しておく。 ○必ず，活動記録を記入してから，今日の活動に取り組ませる。

	・班ごとに，この時間の活動手順・役割分担を活動計画で確認する。	
展開① 15分	話し合い ・「よりよい社会を目指すために考えたこと」が明確に伝わるように，プレゼン企画書をもとにプレゼン内容，手順，分担等を確認する。 ・明日の報告会を想定して班ごとにプレゼンの練習を行う。	○プレゼンに，電子黒板を使う班は，限られた時間の中で譲り合って使用する。 ☆話し合いや練習がスムーズにできていない班に個別に声掛けしていく。
展開② 20分	進行状況の報告 T　1・2班，3・4班…とペアになり，奇数班から説明してください。 ペア班の人は，気付いたことや良かったところを伝えましょう。(付箋も用意) ・他の班の友達に，自分たちが考えたよりよい社会と未来ロボットの役割などについて説明する。 ・発表を聞く班は，ペアの班の説明する様子をTPCで動画として録画する。 ・お互いの発表を終えたら，各班でアドバイスをもらったことを検証し改善方法を考える。	○発表は，各自のテーブルの近くで行う。 ○電子黒板を使う予定の班は，あるつもりで説明をする。 ◆発表をしている時の動画をペアの班がTPCで撮影しておく。後で各班が振り返ることができるようにする。気付いたことを付箋に書いて渡す。 ○発表を聞く際は，「考えをより明確に伝えるプレゼンの工夫(板書提示)」の視点で聞き，分かりにくい部分を具体的に伝えられるようにする。 ★改善・修正・追加事項，企画書等に書き込ませながら話し合いをさせる。
まとめ 5分	活動の振り返り・反省 T　今日の学習の振り返りをワークシートに書きましょう。 ・ワークシートを書き，2〜3人が学習の感想を発表する。 T　次の時間はいよいよ報告会です。みなさん頑張りましょう。	○ワークシートに今日の学習感想などを書く。 ○活動計画・記録も書くよう声をかける。 ○ブロックが落ちていないかなど片付けは丁寧に確実にするように指導する。 【主体的に判断し問題を解決する力(プ3−②)】 班活動の中での自分の役割や活動の手順を理解し，自ら対話や図，テキストなどで，自分の考えを伝えようとしている。［活動・ワークシート］ 【主体的に判断し問題を解決する力(プ1−③)】 意図する一連の活動を実現するために，必要な手順があることを知り，さまざまな事象を論理的に考え，表現している。［活動・ワークシート］

(3) 板書計画

未来ロボット開発会社〜よりよい社会を目指して〜

今日のめあて　よりよい社会を目指すために考えたことを，より明確に伝えられるように工夫しよう

タイマー

考えをより明確に伝えるプレゼンの工夫ポイント
①WeDo 2.0 で何をどこまで説明するか？
②分かりやすい言葉　キャッチコピー
③プレゼンテーションソフトの工夫
④電子黒板で動画や画像を見せる工夫
⑤3人の役割分担を明確にする　など

振り返り
・WeDo 2.0を使った説明が，実際の未来ロボットをイメージしやすくてよかった。
・次回の全班の発表が楽しみになった。

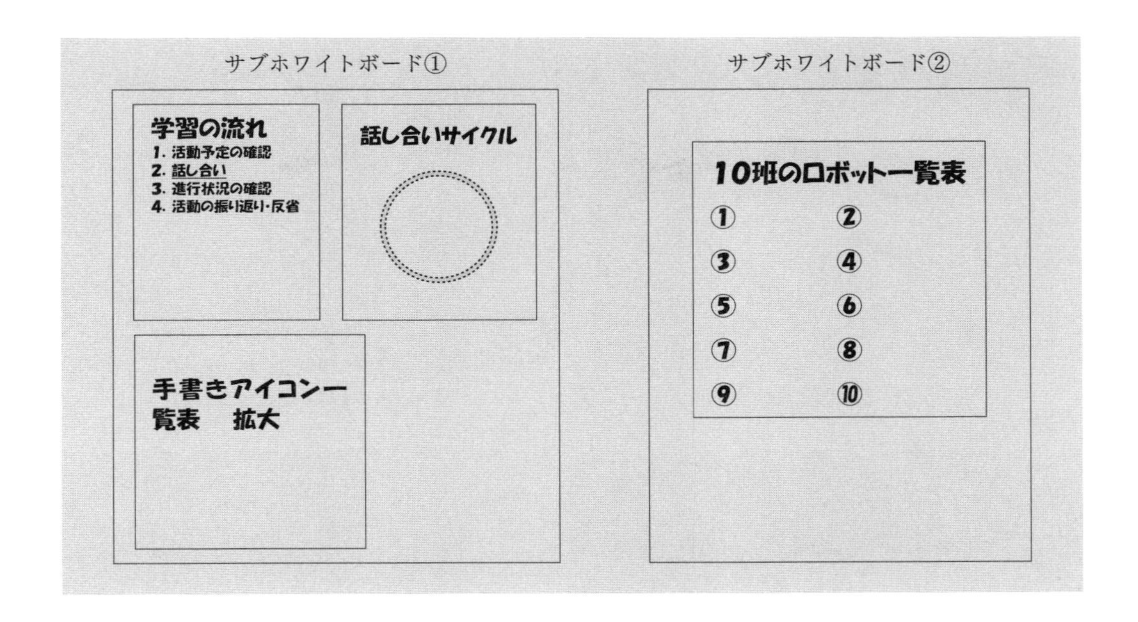

【本授業のポイント】

荒川区立第二日暮里小学校第6学年の総合的な学習の時間では，「友達との試行錯誤や学び合いを通して，問題の解決には必要な手順・手立てがあることを理解し，論理的思考力を身に付ける」「コンピューターの働きをよりよい社会づくりに生かそうとする態度を養う」を，本単元目標として設定しています。本時では，「よりよい社会を目指すために考えたことを，より明確に伝えられるように工夫することができる」の目標を掲げ，グループで開発してきた未来のロボットを発表し合う位置づけとして授業が展開されました。開発したロボットに関する発表資料の作成（図6-35），手順の確認と評価（図6-36）の場面で，「抽象化」「デコンポジション」「アルゴリズム的思考」「評価」が繰り返し行われていました。本時の振り返り（発表やワークシートの記述）から，本時の目標を達成した児童が多く存在したことが評価できました。

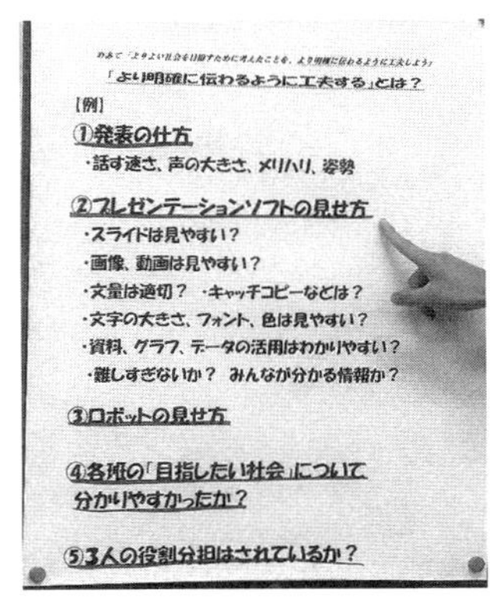

図6-33　めあての確認

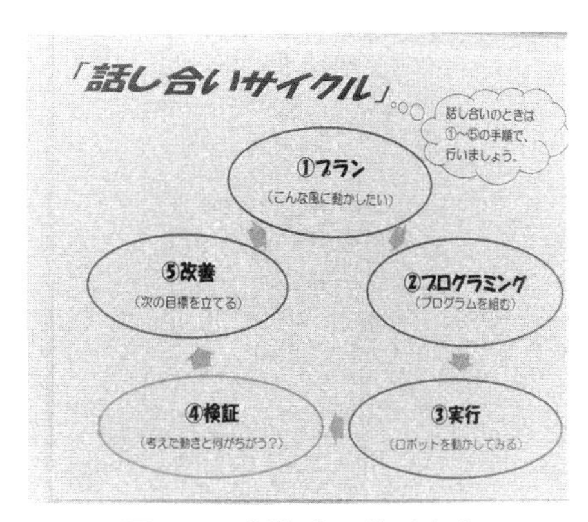

図6-34　話し合いサイクル

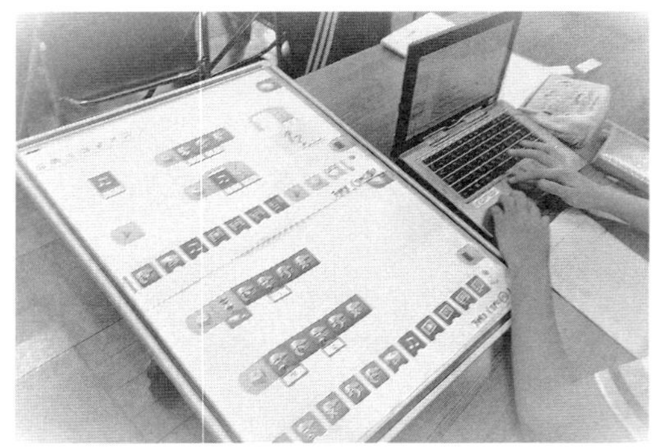

図6-35　発表資料の作成

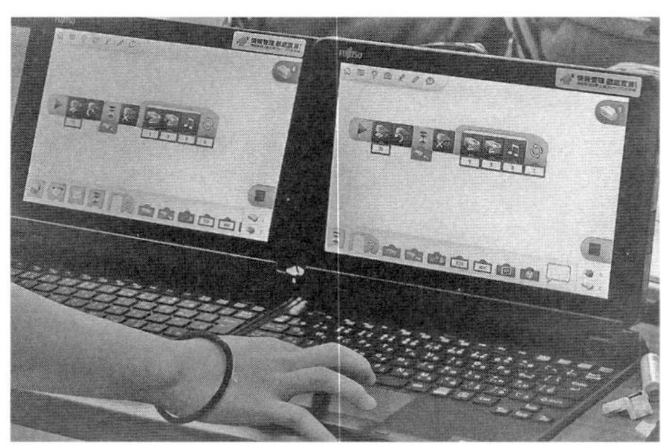

図6-36　手順の確認と評価

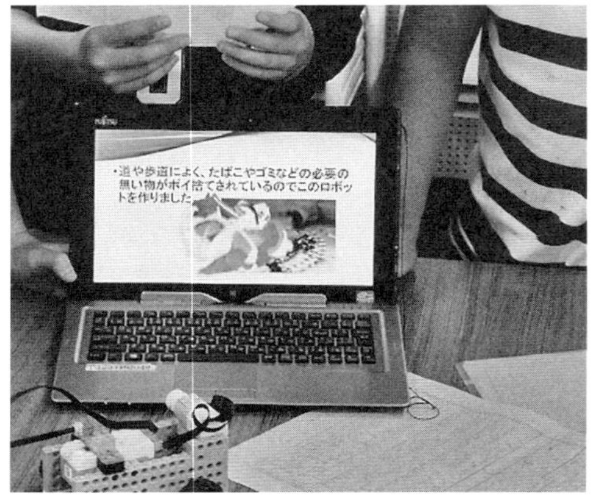

図6-37　開発したロボットの発表会

図6-38　本時の振り返り

6.6 年間指導計画の立案について

もし，2020年度から実施される小学校学習指導要領（平成29年告示）の「算数（第5学年正多角形の作図）」からプログラミング教育を扱うと，子供たちも先生も不慣れな状態で授業に望むことになり，その結果，教科の目標達成につながらない授業展開になってしまうことが危惧されます。そこで，プログラミング教育の年間指導計画の作成が重要になります。しかし，プログラミング教育をどの学年のどの教科・単元で実施するかという年間指導計画を作成する作業は，国の指針が存在しないため，各自治体や学校に委ねられている実態があります。

例えば，つくば市では，発達段階に応じた系統的なプログラミング学習を位置づけ，コアカリキュラムとして，第1学年国語（物語），第2学年図画工作，第3学年音楽，第4学年理科（季節と生き物），第5学年社会（わたしたちの生活と食料生産），算数（正多角形），第6学年体育（病気の予防），理科（電気の性質とその利用），外国語でプログラミング教育が扱われています[7]。

また，神奈川県相模原市では，小学校から中学校までの系統性が考慮されています。2017年度には，小学校の第4学年算数（およその数），第5学年算数（正多角形），第6学年（電気の性質とその利用）など，複数の教科単元でのプログラミング教育が実践され，報告がなされています[8]。

平成30・31年度東京都プログラミング教育推進校の荒川区立第二日暮里小学校では，プログラミング教育の年間指導計画案をWebで公開しています（表6-1）[9]。この年間指導計画案は，具体的な単元名の掲載ではなく，資質・能力の観点から，教科・学年別に一覧としてまとめられています。

以上，各自治体や小学校の年間指導計画をご紹介しましたが，これらの自治体や小学校では，教員研修や研究授業の年間計画もまた充実しています。プログラミングの体験や研究授業を実際に行う教員研修の体制を自治体や学校レベルで構築することが重要であり，限られた時間の中で，いかにこの研修の時間を確保するかが課題になります。

表6-1　年間指導計画の

プログラミング教育　年間指導計画

・主にアンプラグドな実践　【評価の視点】
・●■◆は、今までに、実践してみたもの

	国語	算数	生活		音楽	図画工作
第1学年 第2学年	○50音表の仕組 →表による母音と子音の組合せ【2⑤記号化】 ●順序立てて考えて読む・書く →時系列の図に表す【1②技能】【2③課題把握・手順の整理】	●加減乗除の計算・筆算 →計算方法を考える【2④アルゴリズム・論理的な思考】 →考え方を式（記号）で表す【2⑤記号化】 ○大きな数 →十進位取り記数法での繰り返しの理解【2④アルゴリズム・論理的な思考】	○学校探検、町探検 →コンピュータ、プログラムが使われている機器を知る【1①知識・理解】 →社会生活のルールや約束【3⑩情報モラル】 ○活動計画の作成 →時系列の図に表す【1①知識・理解】【1②技能】 ●町探検 →調べる店の仕事を時系列に考える【1①知識・理解】 Bつくろう あそぼう(3h)【Viscuit】 Bうごく うごく わたしのおもちゃ(4h)【Viscuit】		●音符、休符、拍記号等の音楽記号 →【2⑤記号化】 ●反復記号 →同じことの繰り返しを記号化することで効率的に表現できる【1①知識・理解】【2⑤記号化】	●用具の扱い 使い方 →手順を理解す 【1①知識・ 解】 ○作品制作 →作品を作る前 に、どのように 表現するか考 る【2③課題把 握・手順の整 理】
			社会	理科		
第3学年 第4学年 第5学年 第6学年	○主語と述語，修飾と被修飾、助詞等の文法 →係り受けの図に表す【1②技能】【2③課題把握・手順の整理】 ●筋道立てて考えて読む・書く →時系列の図に表す【1②技能】【2③課題把握・手順の整理】 ●話、文章の構造と内容の把握 →時系列・関係図に表す【1②技能】【2③課題把握・手順の整理】 ○精査・解釈・推敲 →目的に沿って再考する【2⑥検証・評価】 ○考えの形成→考えを関係図に表す【1②技能】【2③課題把握・手順の整理】 ○情報と情報との関係、整理→関係図に表す【1②技能】【2③課題把握・手順の整理】	○九九表の構成 →表による乗数、被乗数の関係【2④アルゴリズム・論理的な思考】【2⑤記号化】 ●図や表、グラフ →表し方、関係の理解【2⑤記号化】 A多角形と円をくわしく調べよう(2h)【プログル】 ●長さ、大きさ、広さ →任意単位から普遍単位へ【2⑤記号化】 ●単位量当たり、割合、比例、場合の数等 →考え方、関係の理解【2③課題把握・手順の整理】【2④アルゴリズム・論理的な思考】	●産業、防犯・防災、社会生活、政治、国際社会 →情報化社会ではコンピュータやプログラムが重要になっていることの理解【1①知識・理解】 →情報化社会における危険性【3⑩情報モラル】 ●調べ学習、見学等 →計画を時系列や手順で表す【1②技能】【2③課題把握・手順の整理】 ○社会問題の解決について考える →社会問題を整理し、フローチャート、関係図等で表し、解決方法を考える【1②技能】【2③課題把握・手順の整理】【2④アルゴリズム・論理的な思考】	●実験、観察機器の扱い →手順を理解する【1①知識・理解】 ●実験の手順 →手順書やフローチャートで表す【1②技能】【2③課題把握・手順の整理】 ●実験の結果 →表やグラフにまとめて考える【2⑤記号化】 B電磁石の性質(4h)【WeDo 2.0】 ○実験がうまくいかないとき →その原因を考え、部分ごとに修正する【2③課題把握・手順の整理】【2④アルゴリズム・論理的な思考】【2⑥検証・評価】 A電気の性質とその利用(2h)【WeDo 2.0】	●楽器の扱い、演奏方法 →手順を理解する【1①知識・理解】 B曲の構成を考えて作曲しよう【ボーカロイド】	●他人の作品 扱い、模倣と 作権 →友達の作品 大切に扱う。 達のアイデア 尊重する【3 情報モラル】 Bクルクル・ ニメーション [ゾートロープ] (2h)【WeDo 2.0 Bくるくる回し 動くおもちゃ [クランク] (2h)【WeDo 2.0

荒川区立第二日暮里小学校）

・ゴシック体は、体験を伴ったプログラミング学習（扱った時数）
・A,B等はプログラミング教育の手引きの分類

荒川区立第二日暮里小学校　平成３１年２月

家庭	体育	道徳	英語	総合的な学習の時間	特別活動　他
	○跳箱、鉄棒、マット、縄跳び等 →各技の手順の理解【2③課題把握・手順の整理】 →一連の体の動きを分解したり組み合わせたりする【2④アルゴリズム・論理的な思考】 ○各運動や技がうまくできない、記録が伸びないとき →その原因を考え、部分ごとに練習する【2③課題把握・手順の整理】【2④アルゴリズム・論理的な思考】【2⑥検証・評価】 ○ゲーム →進行の手順、ルールの理解【2③課題把握・手順の整理】 ○ダンス的な表現運動 →一連の手順で踊る【2③課題把握・手順の整理】 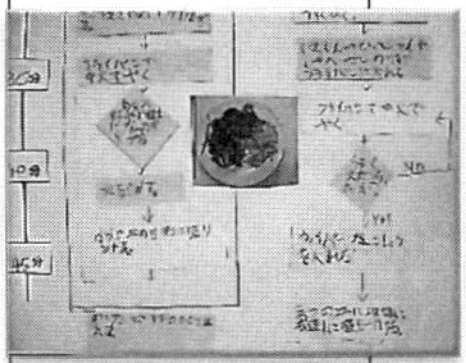 	○［善悪の判断、自律、自由と責任］［規則の尊重］ →日常生活と同じくネット社会にもこれらのことが重要である。【3⑩情報モラル】	○アクティビティの理解 →時系列の図で説明【1①知識・理解】 ●町案内のアクティビティ 「Go straight, turn right」 →「指示を明確にしないとたどり着けない」ということがプログラムと同じ【1①知識・理解】 ○文構造の理解 →文構造の関係図で説明【1①知識・理解】 《関連》 ◇プログラミング学習時には、「プログラムも英語も、課題を解決するための言語である」という共通点を示したい。	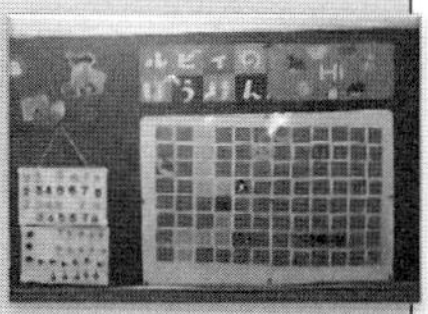  【評価の視点はすべて】 **A プログラミング学習「レッツ トライ！プログラミング」（10 時間）** **LEGO ロボットの基本的なプログラミング** **【WeDo 2.0】** **A プログラミング学習「ににちロボット研究所」（10 時間）** **計測結果をもとに月面の資源を多く集めるプログラミングを考える** **【WeDo 2.0】** **A プログラミング学習「Make the story」（14時間）** **自分たちが考えたストーリーに沿ってプログラムを考える** **【WeDo 2.0】** **A プログラミング学習「未来ロボット開発会社 ～よりよい社会を目指して～」（14時間）** **数種の基本ロボットを組み合わせて人に役立つロボットを考える** **【WeDo 2.0】**	《関連》 ◆プログラミング関連図書の展示や体験できる関連図書の内容の掲示 ◆休み時間等に数名の児童に LEGO ロボットを自由に組み立てさせたり、Scratch 等のアプリを自由に体験させる ○児童会活動 ○クラブ活動 →活動の手順を図で表す【1②技能】【2③課題把握・手順の整理】 ●学級会でお楽しみ会や二日フェスタの内容を話し合う →決められた時間内にどんなことを、どのような順番で行うか、雨だったらどうするかなどを考える【2③課題把握・手順の整理】【2④アルゴリズム・論理的な思考】 **D 科学工作クラブ（WeDo 2.0）→基本プログラムを活用してオリジナルの動き等を考える。【3①意欲・工夫改善】【3②主体性・協力性】**
●家庭の仕事、生活の問題解決 →計画を時系列や手順で表す【1②技能】【2③課題把握・手順の整理】 ○器具、用具の扱い、使用方法 →手順を理解する【1①知識・理解】 ●調理実習、裁縫実習等 →手順をフォローチャートで表す【1②技能】【2③課題把握・手順の整理】					

参考文献

［1］ 文部科学省，“小学校プログラミング教育の手引（第二版），” 2018.［オンライン］http://www.mext.go.jp/component/a_menu/education/micro_detail/__icsFiles/afieldfile/2018/11/06/1403162_02_1.pdf［アクセス日：2018年12月20日］.

［2］ 武藤良弘，プログラミング教育で育むもの―子どもたちが，考える楽しさ，学びを社会に生かす楽しさを実感するために，理数啓林，No.19，pp.1–5，2018.

［3］ リンダ・リウカス作，鳥井雪訳，ルビィのぼうけん―こんにちは！ プログラミング，翔泳社，2016.

［4］ 小林祐紀・兼宗進，コンピューターを使わない小学校プログラミング教育“ルビィのぼうけん”で育む論理的思考，翔泳社，2017.

［5］ 渡邉茂一，プログラミングの体験を入れた授業づくりの仕方，相模原市教育センター，さがみはら教育2018.12，163，pp.16–17，2018.

［6］ ベネッセ，プログラミングで育成する資質・能力の評価規準（試行版）（第2版）Ver.2.0.0（2018/8/31版）2018.［オンライン］https://beneprog.com/wp-content/uploads/2018/08/ver2.0.0.pdf［アクセス日：2018年11月22日］.

［7］ つくば市総合教育研究所，つくば市プログラミング学習の手引き（第2版）［オンライン］https://www.tsukuba.ed.jp/~ict/?page_id=515［アクセス日：2018年12月24日］.

［8］ 相模原市教育センター，相模原市のプログラミング教育の取組，2018.［オンライン］http://www.sagamihara-kng.ed.jp/jouhou-han/kyouikunojouhouka/data/1_1_2_programminged_sagamihara.pdf［アクセス日：2018年12月24日］.

［9］ 第二日暮里小学校，プログラミング教育年間指導計画 案，2017.［オンライン］http://www.aen.arakawa.tokyo.jp/DAI2NIPPORI-E/?action=common_download_main&upload_id=3723［アクセス日：2018年12月24日］.

索　引

な行

は行

ま行

ら行

東京学芸大学プログラミング教育研究会

加藤　直樹　東京学芸大学准教授（ICT センター教育情報化研究チーム）（第５章）
北澤　武　　東京学芸大学准教授（教職大学院　教育実践創成講座）（第６章）
南葉　宗弘　東京学芸大学准教授（技術・情報科学講座　情報科学分野）（第１章）
櫨山　淳雄　東京学芸大学教授（技術・情報科学講座　情報科学分野）（第２章，第４章）
宮寺　庸造　東京学芸大学教授（技術・情報科学講座　情報科学分野）（第３章）

［五十音順］

小学校におけるプログラミング教育の理論と実践

2019年８月30日　第１版第１刷発行

編著　東京学芸大学プログラミング教育研究会

発行者　田 中 千 津 子
発行所　株式会社 学 文 社

〒153-0064　東京都目黒区下目黒3-6-1
電話　03(3715)1501(代)
FAX　03(3715)2012
https://www.gakubunsha.com

印刷　新灯印刷
Printed in Japan

ISBN978-4-7620-2895-3